Kreusch-Jacob
Mit Liedern in die Stille

Dorothée Kreusch-Jacob

Mit Liedern in die Stille

Meditieren und Gestalten mit Kindern

Mit Fotos von Ursula Markus
und Bildern von Renate Seelig

Patmos

Die Deutsche Bibliothek – CIP-Einheitsaufnahme

Kreusch-Jacob, Dorothée:
Mit Liedern in die Stille : Meditieren und Gestalten mit Kindern / Dorothée Kreusch-Jacob. Mit Fotos von Ursula Markus und Bildern von Renate Seelig. – 1. Aufl. – Düsseldorf: Patmos, 1996
ISBN 3-491-37345-X

1. Auflage 1996
Mandala (Innentitel): Carolin Kreusch
Satz und Notensatz: Kontrapunkt Satzstudio Bautzen
Reproduktion: hrp reprotechnik, Essen
Druck und Verarbeitung: Druckerei Rasch, Bramsche
ISBN 3-491-37345-X

Inhalt

Vorwort
6
Einführung
8
Bin ganz Ohr
14
Steig in mein Luftschiff
22
Folg deinem Weg
30
Kieselstein, Zauberstein
42
Hol dir ein Gelb aus der Sonne
50
Sieben kleine Siebenschläfer
58
Im Märchengarten
66
Ich bin die klare Quelle
74
Wünsch dir einen Zauberteppich
82
Ich bin ein Baum
90
Ich will ein Vogel sein
98
Das Wolkenboot
106
Bist du noch wach?
118
Anhang
126
Literaturverzeichnis
128

Vorwort

Wer Kinder beim Spielen beobachtet, weiß, wie ruhig sie sich dem hingeben können, was sie gerade tun. Neugierig, offen und mit allen Sinnen. Ihre Aufmerksamkeit und Konzentration richtet sich nur auf dieses Eine, sei es das Meerschweinchen oder die Wasserpfütze. Sie vergessen die Zeit. Sie haben Zeit, leben den Augenblick, das Jetzt. Vor allem kleinere Kinder haben noch ein Gefühl für das Wechselspiel zwischen Spannung und Entspannung, Aktivität und Ruhe. Ein kurzes Schläfchen oder ein ausgelassenes Toben zwischendurch, schon ist das Gleichgewicht wiederhergestellt.

Aber die Vertreibung aus dem Paradies geschieht schon bald, wenn sich der Rhythmus des kindlichen Lebens auf den der Erwachsenen einstellen muß. Termine, Zeitdruck, Hektik ... Rhythmen, die von der Berufstätigkeit der Eltern, von Kindergarten und Schule, von Förderkursen und vom Fernsehprogramm diktiert werden, verändern auch das kindliche Erleben von Zeit.

Hinzu kommen frühe Leistungsanforderungen und immer mehr Pädagogik im Kinderalltag, eingeschränkte Spielräume durch Wohn- und Verkehrsbedingungen. Sie lassen für Entdeckungen zwischen Freiheit und Begrenzung wenig Raum. Aktives und kreatives Tun wird gebunden durch zuviel und perfektes Spielzeug sowie eine kaum zu verkraftende Fülle an Reizen aus den Medien. Was nicht verarbeitet werden kann, arbeitet weiter, schafft innere Unruhe.

Um wieder zu Ruhe und Ausgeglichenheit zu gelangen ist es mit Entspannungsübungen und Konzentrationsspielen sicher nicht getan. Vor allem, wenn Sie etwas von einem kategorischen „Pst!" an sich haben und das Kind „ruhigstellen" sollen.

Früher oder später werden auch wir Erwachsenen über unsere eigene Unruhe und ihre Ursachen nachdenken müssen. Brauchen wir nicht auch Zeit für uns selbst, um in uns hineinzuhorchen, um Kraft zu schöpfen und inneren Ausgleich zu finden? Nur was wir selbst haben, können wir Kindern weitergeben. Und sei es eine innere Gelassenheit, die ihnen Raum und Ruhe läßt, um das zu finden, was ihnen gut tut. Denn eines ist sicher, den Königsweg der Stille gibt es nicht. Jeder muß ihn für sich selbst finden. Auch die Kinder. Durch unser Vorbild und unsere Aufmerksamkeit, durch Hinhören und Beobachten können wir ihnen dabei helfen.

Was braucht Ihr Kind, Ihre Gruppe, um die innere Unruhe loszuwerden und den Augenblick wiederzuentdecken? Bewegung und übermütiges, körperbezogenes Spiel? Oder leises Innehalten beim Hören einer Geschichte, eine Musik, die

es ins Land der Phantasie mitnimmt, ein Lied, in dem es seinen inneren Bildern begegnen kann? Oder eine Hand, die ohne Worte sagt: „Ich bin da“?
Die Anregungen in diesem Buch sollen Sie ermuntern, sich gemeinsam mit den Kindern auf den Weg zu machen. Beginnen Sie dort, wo Sie sich angesprochen fühlen. Suchen Sie nach dem Einstieg, der Ihren Kindern Spaß macht. Schon eine einzige Übung kann große Wirkung haben. Stille ereignet sich in der Ewigkeit eines Augenblicks. Suchen Sie diese Augenblicke mit Ihren Kindern immer wieder. Mit der Zeit werden Sie sie vielleicht so liebgewinnen, daß sie von selbst länger werden. Sie entdecken möglicherweise, daß sich die Atmosphäre in Ihrer Familie, Ihrer Gruppe oder Klasse merkbar ändert. Mehr Achtsamkeit, mehr Freude im Miteinander – ich wünsche es Ihnen.

Dorothée Kreusch-Jacob

Summen, Tönen, Singen

Singend und tanzend schuf Gott die Welt, so erzählen alte, östliche Mythen. Die Welt ist Klang! Und Singen kann immer wieder ein kleiner Schöpfungsakt sein, sofern wir Liedern etwas mehr als Unterhaltungswert oder Gefühlsseligkeit zutrauen. „Ein Lied erfinden heißt, geboren werden ...", so sagt die Lyrikerin Rose Ausländer in einem ihrer Gedichte. Mit unserer Stimme kann es uns gelingen, Bewußtes und Unbewußtes zu verbinden, das Oben und das Unten, elementare Erfahrung und Erkenntnis in eine harmonische Beziehung zueinander zu bringen.

Wir staunen noch heute über die geheimnisvollen Summlöcher in den alten Heiligtümern auf der Insel Malta, über die Höhlen von Syrakus, die man „das Ohr des Dionysos" nannte. Dort suchten die Menschen vor Jahrtausenden singend und summend Heilung und Verbindung mit dem Göttlichen. Hier konnten sie Schwingung und Vibration, Widerhall und Resonanz erfahren – oder die Stimme eines Gottes vernehmen. Von den Hopi-Indianern wissen wir, daß sie durch Singen den Mais in ihrer steinigen, wüstenartigen Heimat zum Wachsen brachten, im Bewußtsein, daß Natur und Schöpfung dem Gesetz der Schwingung gehorchen. Und die Ureinwohner Australiens glaubten sogar, Gott habe ihnen ursprünglich die Stimme nur zum Singen gegeben. Deshalb entwickelten sie so etwas wie eine stille Gedanken-Sprache.

Die Welt unserer Kinder ist von einem anderen, profaneren Musikverständnis geprägt. Musik ist verfügbar in jeder Form. Lieder können gekauft werden. Konsumware zum Billigpreis. Eine Flut von akustischen Reizen, Musik und Lärm stürzt auf kindliche Ohren ein. Wie kann sich da der ursprüngliche Wunsch des Kindes, in Ruhe zu horchen, Klänge und Töne selbst zu erfinden, entfalten? Kein Wunder, daß Kinder immer lauter werden und dabei das innere Gleichgewicht verlieren (es sitzt ja auch unser Gleichgewichtssinn in unserem Hörorgan).

Musiktherapeuten wissen um die heilsame Kraft der Töne, die unser Lebensgefühl, unser Denken und unser schöpferisches Tun anregen. Wir wissen auch, daß wir mit unserer Stimme ein Instrument zur Verfügung haben, mit dem wir uns immer wieder aufs Neue einstimmen können, um mit uns in Einklang zu kommen.

Auf diesem Instrument zu spielen, „den Flügeln des Gesanges" vertrauen zu lernen, dazu brauchen wir Stille. Wenn uns schon eine laute Umwelt umgibt, sollten wir die unmittelbare Umgebung zu einem Ort machen, an dem noch Stille möglich ist. Laute Hausgeräte, ständig laufende TV- oder Musikgeräte: Da kann Kindern Hören und Sehen – und Singen vergehen.

Erst, wenn es leise ist – und an diesen Zustand müssen wir uns wahrscheinlich erst einmal gewöhnen – können wir uns horchend einem Klang hingeben. Oder „schlafende" Töne in uns entdecken und strömen lassen. Dieses tut Kindern wie Erwachsenen gut – und ist niemals eine Frage von musikalischer Begabung. Ein paar Minuten täglicher Ruhe und Stille können allein schon „begabend" wirken.

Tönen und Summen. Im Verlauf dieses Buches werden Sie immer wieder dem freien Spiel mit der Stimme begegnen. Summen oder das Strömenlassen von Tönen und Lauten löst in uns Schwingungen aus, die beruhigend wirken. Wenn wir uns ganz auf dieses Tönen konzentrieren, es mit der Seele, statt mit den Ohren hören, spüren wir, wie es bis in unsere Körperzellen vibriert und uns ganz erfüllt. Unser Atem vertieft sich, die Schwingungen der Gedanken lösen sich dabei auf. Das einfache Spiel des Summens kann in Kindern unbewußt eine Ahnung von Transzendenz anklingen lassen. Wie in einem Mandala finden sich die Stimmen der einzelnen – und seien sie anfangs noch so zaghaft und unsicher – zu einem WIR, einem Ganzen zusammen. „In diesem WIR ist der Mensch zugleich weniger als ICH und mehr als ICH" (Luis Zett).

Wiederholungen spielen bei Liedern, die in die Stille führen, eine große Rolle. Deshalb haben sie auch meist einen Refrain oder ein kleines Motiv, das wiederkehren kann. Ähnlich wie ein Mantra (altind. = Spruch), bei dem Silben, Worte oder ein Satz ständig wiederholt werden, entfaltet auch der Refrain durch wiederholtes Singen immer mehr Wirkung und Tiefe. Noch lange über das hörbare Singen hinaus läuft das Lied in uns weiter. Deshalb geht es beim Wiederholen auch nie um ein Auswendiglernen, sondern um ein Sichaufladen, um immer deutlicher spürbare Schwingung, um Resonanz. Wenn wir von zwei gleichgestimmten Saiteninstrumenten nur das eine bespielen – dann klingen auch die Saiten des anderen mit.
Kinder greifen diese sinnspruchartigen Refrains gerne auf. Oft sind sie bei den nachfolgenden Spielen wieder zu hören, einfach so dahingesungen oder gesummt und nach Belieben verändert.

Je einfacher, desto wirkungsvoller. Lieder, die in die Stille führen, sind einfach. Im Grunde folgen sie dem uralten Muster der beruhigenden Wiegenlieder, wie sie rund um die Welt von allen Müttern in ähnlicher Form gesungen werden. Ihr Rhythmus knüpft an früheste Erinnerungen an. Herzschlag, Wiegen, Schaukeln, Getragenwerden ... Ihre Melodien verlaufen meist ohne Dynamik und große Intervallsprünge und kehren am Ende immer wieder zum Grundton

„heim“. Körperliche Nähe und die Stimme des Erwachsenen schaffen bei diesen Liedern ein Gefühl der Geborgenheit. Feinste Vibrationen, die durch die Stimme erzeugt werden, wirken wie eine „Klangmassage“.
Versuchen Sie deshalb auch die Lieder so zu singen, daß Ihre Stimme zur Aussage paßt. Nur wenn sie ruhig klingt, können sich Kinder während des Hörens entspannen. Wählen Sie dabei ein Tempo, bei dem die Kinder auch mitsummen können, falls sie es mögen.
Je leiser und geheimnisvoller Sie eine musikalische Phantasiereise singen, desto einladender für die Kinder. So schön eine kräftige und klare Stimme für andere musikalische Anlässe auch sein mag, einem Lied, das in die Stille führt, kann es jeden Zauber und alle Ruhe nehmen. Vielleicht macht dies Erwachsenen, die sich musikalisch eher unsicher fühlen, Mut, einmal nicht auf die Unzulänglichkeiten ihrer eigenen Stimme zu horchen, sondern sich zunächst entspannt in den Inhalt und Sinn des Liedes zu versenken, um es dann singend zu „erzählen“. So schließt sich der Kreis zum alten Wiegenlied, bei dem „es“ aus uns singt. Und Singen hat wieder etwas mit Zuwendung, ja Zärtlichkeit zu tun.

„Der Sänger allein macht nicht das Lied,
er braucht jemand, der zuhört.
Der eine öffnet seinen Mund zum Singen,
der andere singt im Geiste mit.“

(Rabindranath Tagore)

Inneres Singen. „Der Sänger macht nicht allein das Lied“, so schreibt Tagore. Auch diejenigen, die „nur“ zuhören, tragen es mit. Geben Sie also bei den Liedern der Stille auch dem „inneren“ Singen Raum. Das kann durch Wiederholungen geschehen, die sich verselbständigen. Oder durch Pausen, die dort zum Verweilen einladen, wo es sich inhaltlich anbietet. In diesen Zwischenräumen der Stille pulsiert das Lied in uns noch weiter. Hier bietet sich auch den Kindern Zeit, die Bilder der Phantasie zu betrachten, die der Text wachruft. – Wenn Sie jedoch solche ruhigen Augenblicke zwischen den Strophen eher als „Löcher“ empfinden, die den Fluß der Entspannung unterbrechen, so können Sie diese auch in eine musikalische Form einbinden:

- Die letzte Liedphrase, bzw. der Refrain wird „innerlich“ noch einmal gesungen, im gleichen Tempo, in der gleichen Länge.
- Ein zart gespielter Rhythmus läuft weiter. Er trägt das „innere“ Lied auf seinen Wellen mit.

- Leise und langsam angeschlagene Töne auf einer Zymbel, einem Glockenspiel oder einer Klangschale signalisieren den Anfang und das Ende des „inneren Liedes“.

Nach innen horchen. Nach innen singen. Spüren, daß jeder Ton in uns wirkt – und daß wir durch Töne etwas bewirken. Auch Kinder können die schlafenden Lieder in den Dingen entdecken, die unhörbaren Klänge dieser Schöpfung.

„Schläft ein Lied in allen Dingen
die da Träumen fort und fort,
und die Welt fängt an zu singen
triffst du nur das Zauberwort.“

(Joseph von Eichendorff)

Spiele, Übungen, Rituale

Jedes Lied in diesem Buch ist in einen Rahmen aus Spielen, Wahrnehmungsübungen, Meditationen oder Phantasiegeschichten eingebunden. In kleinen Schritten wollen diese die Kinder in die Stille begleiten und das Erlebte durch kreatives Gestalten ausklingen lassen.
Verstehen Sie jedoch diese Übungen nicht als spielerische „Tricks“, um Kinder ruhig zu bekommen. Auch dienen sie nicht einem vordergründigen (musik)-pädagogischen Zweck. Ihr Ziel ist es, in Verbindung mit den Liedern kleine Inseln der Ruhe in den Alltag mit Kindern einkehren zu lassen. Inseln, auf denen sie in der Stille auf sich selbst horchen lernen, die Natur und den eigenen Körper wahrnehmen – und Chancen entdecken, seelisch und geistig zu wachsen.
Je nachdem, ob Sie die Spiele in diesem Buch mit einem oder mehreren Kindern, im Kindergarten oder in der Schule durchführen, wird jede Übung immer wieder anders aussehen. Auch die *kursiv* gedruckten Phantasiegeschichten zum Vorlesen sind lediglich als Beispiele gedacht, die Sie flexibel verändern und Ihren eigenen sprachlichen Ausdrucksmöglichkeiten anpassen können.

Die Stille üben? Wie vieles andere, so muß auch die Erfahrung mit der Stille geübt werden. Allerdings geht es hier weder um Leistung noch um das Erlernen bestimmter Techniken zur Entspannung und Konzentration. Stille braucht keinen Zwang zum Ergebnis. Eigentlich – und das ist das Besondere an der Stille-Arbeit, übt das Kind sich selbst. Indem es atmet, steht, geht, horcht, schaut, fühlt und sich dabei wahrnimmt. Indem es singend oder malend kreativen Ausdruck

findet. Indem es auf Phantasiereisen inneren Bildern begegnet. Indem es seine Aufmerksamkeit auf etwas so Unscheinbares wie ein Schneckenhaus oder einen Wassertropfen richtet und dabei Ruhe und Konzentration erlebt. – Übungen und Spiele, die ihm gut tun, lassen sich wiederholen und vertiefen. Jedes „Nocheinmal“ kann zu einem neuen Anfang werden.
Üben braucht Regelmäßigkeit und Geduld. Geben Sie also den Kindern – und sich selbst – Zeit. Sie werden in diesem Buch immer wieder Texte entdecken, die durch Pünktchen (...) unterbrochen sind. Eine Möglichkeit, etwas nachklingen zu lassen und zu verweilen.
Freuen Sie sich über diese kleinen Oasen von Stille, hier hat das Kind wirklich Zeit, sich selbst zu üben.

Rituale. Aufeinander aufgebaute Spiele und Übungen schaffen in Verbindung mit Liedern und Geschichten einen Rahmen, der es Kindern ermöglicht, leichter einen Einstieg zu finden.

- Einladung: Vom Lauten zum Leisen. Stille läßt sich weder verordnen noch erzwingen. Sie muß von innen kommen. Kleine Einladungsrituale versuchen die innere Bereitschaft der Kinder zu wecken und „holen“ sie bei ihren Erfahrungen, Vorlieben und Fähigkeiten „ab“. Auch ein liebevoll gestalteter Raum, ruhige Musik oder ein Duft aus der Duftlampe wirken einladend. Ein Sitzkreis schafft Raum im Raum. Hier fühlt sich keiner ausgeschlossen, und doch ist jeder für sich. Ein paar Steine, eine Blume oder eine Kerze lenken die Aufmerksamkeit auf die Mitte.

- Von außen nach innen. Hier kann sich das Kind selbst entdecken und sich näherkommen. Mit wachen Sinnen erlebt es die Natur, seinen Körper, sich selbst. Übungen aus der Eutonie, aus Joga, Tai-chi und Chi-Gong lenken die Aufmerksamkeit nach innen und fördern das Loslassen von Reizen und Impulsen, die von außen kommen. Wach und offen kann das Kind zu sich selbst kommen. Atmend, schauend, horchend, fühlend ...

- Die Stille ist in mir. Stille ist ein Geschenk. Sie entzieht sich unserem Willen. Sie geschieht. Vorausgesetzt, wir sind offen und begegnen ihr ohne Angst. Jedes Spiel, jede Übung kann deshalb nur auf diesen Augenblick vorbereiten. Was wir dabei erleben, öffnet uns einer inneren Kraft, die uns mit allem verbindet.

- Von innen nach außen. Eindrücke verlangen nach Ausdruck. Durch kreatives Gestalten erhalten die Kinder nach jeder Stille-Übung die Möglichkeit, ihre Erfahrungen auszudrücken. Dies kann durch Malen, Gestalten mit Ton oder Sand, durch Tanzen und andere schöpferische Tätigkeiten geschehen.

Anschließend findet das Erlebte noch einmal sprachliche und gedankliche Verarbeitung im Gespräch. Dies gibt nicht nur dem einzelnen Kind Mut, Gefühle, Erlebnisse oder auch Konflikte in Worte zu kleiden. Es stärkt ebenso das Gemeinschaftsgefühl der Gruppe und gibt dem Erwachsenen ein „feedback".

- Ausklang: Damit endet jedes Kapitel – und so sollten auch einzelne Stille-Übungen enden, wenn sie aus dem Zusammenhang herausgenommen wurden. Dieser Abschluß, z. B. durch nochmaliges Singen des Liedes, Einsatz von Instrumenten oder einen Tanz, ist ebenso wichtig wie die Einladung.
  Stille, die nach außen wirkt und nachklingt. Ruhe, die nicht Rückzug, sondern neues Aufeinanderzugehen bewirkt. Freude, die sich in einem ganz normalen Kinderalltag spiegelt.

Bevor Sie beginnen ...

Beobachten Sie sich selbst aufmerksam, bevor Sie mit den Kindern die Stille-Übungen beginnen. Wenn Sie noch nie meditiert haben, sollten Sie zumindest von der Bedeutsamkeit dieser Arbeit überzeugt sein. Probieren Sie selbst vorher Stille-Übungen aus, damit Sie ein Gespür für ihre Wirkung entwickeln. Suchen Sie dabei den Zugang, der Ihnen entspricht und sammeln Sie weitere Erfahrungen. Wahrscheinlich werden Sie ziemlich bald spüren, daß sich etwas in Ihrem Leben verändert. Sie werden mehr Harmonie und innere Ruhe spüren, bekommen für viele Dinge einen anderen Blick. Und nicht nur das – alles, was die einzelnen Spiele und Übungen bei den Kindern wachrufen, werden sie besser verstehen und begleiten können.
Auch wenn Sie anfangs noch unsicher sind, machen Sie sich mit der gleichen Offenheit wie die Kinder auf den Weg der Stille. Sie werden sich gerne von einem Menschen begleiten lassen, der selbst neugierig ist, der sucht und übt – und nicht immer weiß, wie das Ergebnis aussehen muß. Dabei werden die Kinder mehr und mehr ihre eigenen Möglichkeiten und Kräfte entdecken, so daß Sie sich selbst eher gelassen zurücknehmen können. Und sie geben es Ihnen zurück, was an Freude, Achtsamkeit und Vertrauen in der Stille wachsen konnte.

Bin ganz Ohr

Text und Melodie:
Dorothée Kreusch-Jacob

Bin ganz Ohr …

2. Hör das Flüstern in den Zweigen,
   Mücken tanzen ihren Reigen.

Bin ganz Ohr …

3. Hör den Wind durch Gräser wehn,
   kann die Wolken ziehen seh'n.

Bin ganz Ohr …

4. Trauerweide wäscht ihr Haar,
   erzählt dem See, wie's damals war.

Bin ganz Ohr …

5. Ins stille Wasser fällt ein Stein
   und zaubert Ring für Ring hinein.

Das Ohr ist von allen Sinnen derjenige, der uns am längsten vertraut ist. Denn es ist das erste vollausgereifte Sinnesorgan des noch ungeborenen Kindes. Mit diesem Ur-Sinn haben wir bereits den Klangraum Mutterleib erfahren. Mit ihm verknüpfen wir früheste Erinnerungen. Akustischen Fühlern gleich holen wir mit den Ohren die Welt in unser Bewußtsein. „Das Auge führt den Menschen in die Welt – das Ohr führt die Welt in den Menschen" (Lorenz Oken).
In einer Welt, die vom aktiven, oft aggressiven Auge beherrscht wird, fällt dem aufnehmenden, eher passiven Ohr eine wichtige, ja entscheidende Rolle zu. Vor allem, wenn es darum geht, Wege in die Stille zu suchen – und zu finden.
Ganz Ohr sein. Horchen. Lauschen. Sich die Welt er-horchen, er-hören. Schweigen, um ganz hinhören zu können. So still werden, daß sogar die Stille hörbar wird.

Einladung

Stille-Übungen brauchen Ruhe. Sie kann jedoch weder verordnet noch erzwungen werden. Es geht vielmehr darum, Bereitschaft zu wecken, einzuladen für den Weg, der vom Lauten zum Leisen führt. Das fällt Kindern oft nicht leicht, vor allem solchen, die noch keine (positiven) Erfahrungen mit Stille machen konnten. Eine gesprochene oder gesungene Einladung kann von anderen Spielsituationen überleiten und mit der Zeit zum gewohnten und liebgewordenen Ritual werden.
Der Refrain unseres Liedes eignet sich auch für andere Stille-Übungen in diesem Buch:

„Bin ganz Ohr und bin ganz still,
weil ich die Stille hören will."

Eine Einladung, die leicht zu merken ist und oft wiederholt werden kann, erst etwas lauter, dann immer leiser, bis sie nur noch gesummt wird. Sie läßt den Kindern Zeit, sich eine Decke oder ein Kissen zu holen und sich in den Kreis zu setzen. Wer zur Stille bereit ist, summt leise mit.

Ohren-Menschen

Sich einstimmen und ankommen

Wir warten, bis es ganz still ist. Entspannt und doch aufrecht sitzen alle Kinder im Kreis. Die Arme und Schultern fallen locker. Unsere Hände bilden eine Schale für alles, was uns die Stille schenkt. Der Atem fließt ruhig und regelmäßig. Wir schließen die Augen, damit wir „ganz Ohr“ sein können.

- Nun erklingt unser Lied. Es stimmt uns ein für das Leise, das wir allzuoft überhören, weckt Erinnerungen und Bilder.
- Da wir den Refrain schon ein wenig kennen, summen wir leise mit, sobald er im Lied auftaucht.

Horch-Muschel

Das eigene Ohr entdecken

Kennen wir eigentlich unser Ohr? Haben wir es schon einmal ganz bewußt tastend und horchend wahrgenommen? Das ist eine ziemlich aufregende Geschichte! Erst lassen wir unsere Finger hinter dem Ohr am Schädelknochen entlangwandern. Was fühlen wir, wie klingt es? Dann erkunden sie die Ohrmuschel mit all ihren kleinen Erhebungen und Schlupfwinkeln bis zum Ohrläppchen. Wie klingt es jetzt? Unsere Ohrmuschel ist tatsächlich eine Muschel, die nach innen führt. Wenn wir mit der Fingerspitze behutsam ins Innere dieser Muschel vordringen, hören wir bei jeder kleinsten Bewegung eine ganze Reihe von Geräuschen. Es lohnt sich, ein Weilchen mit diesem Instrument zu spielen!
Die schönste Überraschung jedoch entdecken wir, wenn beide Finger tief in den Ohren stecken und sich nicht mehr bewegen. Was hören wir dann? Ein tiefes Rauschen ... Der Klang der Stille?

Grooooße Ohren!

Eine Ohrenmassage

Unser Ohr ist voller Energiepunkte, die mit inneren Organen in Verbindung stehen. Mit Daumen und Zeigefinger lassen sich diese Punkte aktivieren, indem wir vom Ohrläppchen bis zur Ohrmuschel das ganze Ohr massieren.

- Noch intensiver wirkt eine Duftmassage. Dafür mischt sich jedes Kind sein Massageöl selbst. Es genügt bereits 1 Tropfen ätherisches Öl (z.B. Lavendel, Orange oder Zitrone) auf 1 Teelöffel reines Pflanzenöl (Sonnenblumen-, Oliven- oder Jojobaöl). Nachdem die Ohren auf diese Weise verwöhnt wurden, fühlen sie sich warm und soooo groß an! Nichts entgeht ihnen. Eine wunderbare Entspannung zwischendurch am Tag oder während der Hausaufgaben. Sie weckt neue Aufmerksamkeit und Konzentration.

Lauschen

Eine Atemübung (aus dem Qi Gong)

Wir sitzen entspannt und aufrecht. Die Augen sind geschlossen. Wir horchen und lauschen auf alles, was von weither zu hören ist ... Wir lauschen auf alles, was aus der Nähe an unser Ohr dringt ... Wir lauschen auf die Geräusche in uns selbst ... Während wir lauschen, „vergessen" wir unseren Atem. Dadurch fließt er ganz unbewußt, natürlich und ruhig. Es atmet.

Unser inneres Ohr

Das Gehörte imaginieren

Immer wieder tauchen Hör„bilder" in unserem Lied auf. Oft sind sie mit bestimmten Erinnerungen und Erlebnissen verknüpft. Indem wir das Lied leise singen oder auch nur den Text sprechen, rufen wir sie wieder in die Vorstellung zurück. Nach jedem „Bild" brauchen die Kinder Zeit, um ihr „inneres" Ohr zu aktivieren. Zeit, um das leise Lied zu hören, das sich die Natur selber singt: der murmelnde Bach, das Flüstern des Windes in den Zweigen, wehendes Gras, die Geschichten der alten Trauerweide, das Geräusch des Steins, der ins Wasser fällt ...

Phantasie-Ohr

Das Erlebte malen

Jedes Kind malt „sein" Ohr. Was hat dieses nicht schon alles erlebt und aufgenommen! Wen wundert's also, daß in diesem Phantasie-Ohr vieles Platz hat. Lautes und Leises. Bilder, die unser Lied wachrief, Wirklichkeit und Traum.

Wir versuchen dabei, beim Malen nicht zu sprechen. Dies fällt leichter, wenn leise Musik dazu erklingt oder wenn wir die Melodie des Liedes summen. – Anschließend bekommt jedes Kind die Gelegenheit, das Erlebte zu erzählen.

Töne wecken

Atmen und summen

Auch durch das Spiel mit Tönen kommen wir der Stille näher. Wir sitzen entspannt im Kreis oder liegen am Boden. Die Augen sind geschlossen. Ruhig geht unser Atem ein und aus. Und ganz allmählich wecken wir beim Ausatmen einen Ton, der bis jetzt in uns geschlafen hat. Er wacht auf und wird zu einem leisen Summen. Weich spüren wir seine Schwingung im ganzen Körper. Jedes Kind findet „seinen" Ton. Da jedes seinen eigenen Atemrhythmus hat, ergibt sich ein farbiges Klangbild, das ununterbrochen tönt und uns einhüllt. Der Raum klingt – und wir mit ihm!

- Es tut gut, den Ton immer wieder in einen anderen Teil des Körpers zu schicken. In Kopf, Hals, Arme, Brustkorb, Becken, Bauch oder Beine bis zum großen Zeh ... Wir lassen jedem Ton die Zeit, die er braucht, um dort anzukommen.

- Nach diesem Töne-Spüren geben wir uns noch eine Weile der Stille hin und atmen tief ein und aus. Wir recken, dehnen und strecken uns. Dann stehen wir auf, schütteln Arme und Beine und reiben mit beiden Händen unseren Körper, bis er ganz wach ist.

Klänge zum Lied

Die Welt ist Klang! Wir sind eingetaucht in Klänge, hörbare und unhörbare. Eine unendliche Reihe von Obertönen umgibt jeden einzelnen Ton. Auch wir greifen einige Obertöne zu unserem Lied heraus und schaffen damit einen gemeinsamen „sound", der das Lied trägt.

- Zunächst summen wir den Grundton (in der hier notierten Tonart *e* und lassen ihn während des ganzen Liedes stehen. Ruhig einatmen und beim Ausatmen tönen und strömen lassen. Jeder findet dabei zu seinem eigenen Atemrhythmus.
- Größere Kinder können noch einen zweiten, höheren Ton (die Quint *h*) dazunehmen. Es ist der Anfangston der Strophe. Und vielleicht auch noch einen dritten, das *g*? Alle Töne werden auf verschiedene Kinder (bzw. Gruppen) verteilt und sind während des ganzen Liedes zu hören.

Wachsende Kreise

„Ins stille Wasser fällt ein Stein ..." Auch nach dem letzten Ton ist unser Lied noch nicht zu Ende. Es klingt in uns nach. Im Raum ist es ganz still. – Wir stellen uns vor, wie dieser Stein lauter Ringe ins Wasser zaubert. Erst kleine, dann immer größere.
Kreise lassen sich auch auf der Haut malen. Langsam und sanft mit den Fingerspitzen oder mit der ganzen Hand. Am besten auf dem Rücken eines Freundes. Wir beginnen von einem Punkt in der Mitte und lassen Kreis um Kreis wachsen. Dann werden sie wieder ganz allmählich kleiner.
Anschließend werden die Rollen vertauscht. Was war schöner: die Kreise auf der Haut zu spüren – oder sie zu „malen"?
Ähnliches versuchen wir dann auf einem großen Bogen Papier. Entweder mit Kreide oder mit den Fingern und Wasserfarben auf angefeuchtetem Papier. Wir malen als Mittelpunkt den Stein und lassen dann in bunten Farben Ring für Ring „wachsen". Ein Kreisbild – ein Mandala – ist entstanden!

Ausklang

Alle Mandalas werden in Kreisform auf den Boden gelegt. Um diesen Mittelpunkt herum bilden die Kinder einen großen Kreis. Dieser Kreis läßt sich mit den Augen erleben, indem wir unseren Blick von einem zum anderen wandern lassen. Aber auch mit den Händen, mit den Fingerspitzen, mit den Schultern ... Oder mit den Füßen, während wir im Kreis gehen. Bild für Bild wird noch einmal angeschaut. Dazu singen alle die letzte Strophe des Liedes. Beim Schlußton steht auch der Kreis still. Noch einmal treffen sich alle Augen, spüren sich alle Hände – bevor wir uns voneinander verabschieden.

Steig in mein Luftschiff

Text und Melodie:
Dorothée Kreusch-Jacob

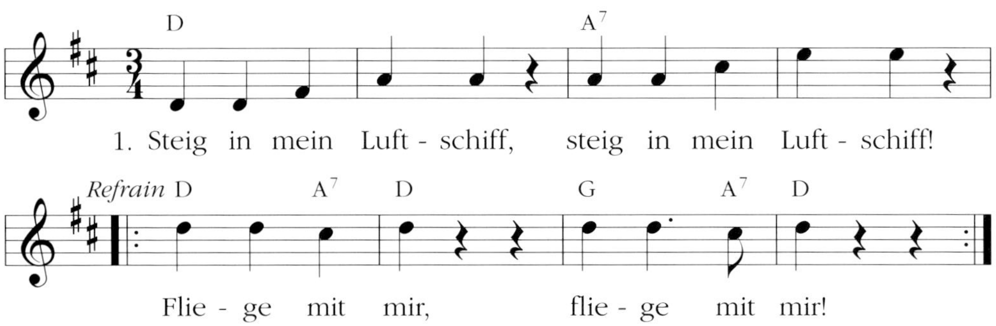

2. Schwebend und leise
ist unsre Reise.
Fliege mit mir,
fliege mit mir!

3. Hoch über Wälder,
Wiesen und Felder.
Fliege mit mir,
fliege mit mir!

4. Siehst du die Berge,
Spielzeug für Zwerge?
Fliege mit mir,
fliege mit mir!

5. Mach dich ganz schwer,
es geht übers Meer!
Fliege mit mir,
fliege mit mir!

6. Winzige Schiffe,
Inseln und Riffe.
Fliege mit mir,
fliege mit mir!

7. Schau, Wolkenschimmel
reiten am Himmel!
Fliege mit mir,
fliege mit mir!

8. Sonne im Blau,
strahlend hell, schau!
Fliege mit mir,
fliege mit mir!

9. Welten und Sterne
leuchten von ferne.
Fliege mit mir,
fliege mit mir!

Ein Luftschiffer sein und ins Blaue schweben... Wer würde das nicht ab und zu gerne versuchen? „Die Luft wird immer reiner, das wirre Erdgewühl wird alles klein und kleiner, wird alles wie ein Spiel ...“, so schreibt Richard Dehmel in seinem Gedicht „Der Luftschiffer“. Auf unserem Phantasieflug können wir – und sei es nur für die Ewigkeit eines Augenblicks – vieles hinter und unter uns lassen, Distanz und innere Ruhe gewinnen.

Einladung

„Fliege mit mir!“ Mit seiner „schwebenden“ Melodie ist der Refrain des Liedes eine musikalische Einladung an die Kinder, für ein paar Augenblicke Ruhe und Stille zu suchen. Ganz gleich, ob am Abend, vor dem Einschlafen oder zur Entspannung zwischendurch am Tag. Wer sich „angesprochen“ fühlt, folgt dieser Einladung und summt leise mit. Am Boden liegen eine Reihe von Abbildungen, die Luftschiffe zeigen. Während die Kinder sie anschauen, tauchen sicher Fragen auf, die diese Art von „Schiffen“ betreffen.

Mein Luftschiff

Gestalten – Sich bewegen

Mit einem Tanzspiel kommen wir uns und dem Lied näher. Dazu malt sich zunächst jedes Kind ein kleines, buntes Luftschiff auf einen dünnen Karton. Anschließend wird es ausgeschnitten und an einen aufgeblasenen Luftballon gehängt. Seine Reise durch die Luft beginnt, wenn das Kind es auf den Fingerspitzen fliegen und schweben läßt. Leicht und schwerelos... Dazu summen oder singen alle gemeinsam den Refrain „Fliege mit mir!"

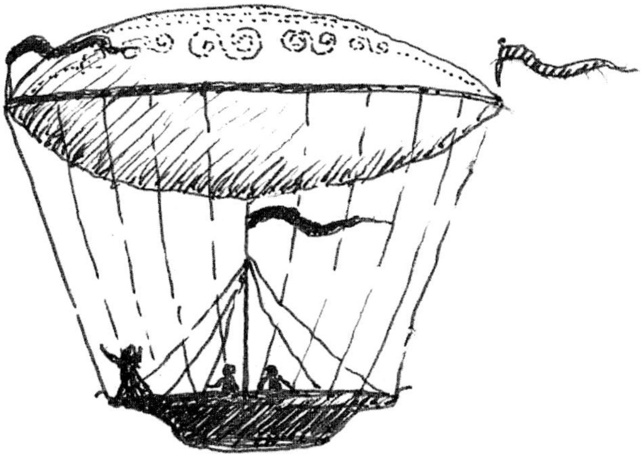

Der Wind, der Wind ...

Atem erfahren

Der Wind spielt beim Fliegen eine besondere Rolle. Wir stellen uns vor, daß der Wind leise am Luftschiff entlangstreicht. Fffff... Dazu brauchen wir nicht mehr als unsere Stimme. Diese Stimmgeräusche haben jedoch nicht nur mit Musik zu tun. Sie sind „verkörperte" Atmung. Deshalb tut uns das Spiel mit Lauten auch gut. Denn sie versetzen uns in Schwingung und Vibration, wirken heilend und kräftigend und laden uns energetisch auf.
Unser „Wind"spiel ist einfach, aber um so wirkungsvoller.

- Langsam wird durch die Nase eingeatmet. Dazu heben wir etwas den Kopf und beugen ihn leicht nach hinten. Dann lassen wir Kopf und Schultern beim Ausatmen langsam nach vorne sinken: „ffffff ......" Jedes Kind findet zu einem eigenen Atemrhythmus (etwa 5–6 mal).

Einfach so daliegen

Bei sich ankommen

Du liegst auf deiner Decke. Sie ist warm und weich. Spürst du den Boden? Du schmiegst dich an ihn und ruhst dich aus. Obwohl du die Augen geschlossen hast, bis du ganz wach. Laß dir Zeit, bis du bequem liegst. Frage deinen Körper, ob er sich wohlfühlt oder ob ihn etwas einengt oder drückt, ein Gürtel oder eine Falte. Spür langsam den Körper entlang. Wo berührt er den Boden? Spür, wie dein Kopf, deine Arme, dein Rücken, deine Beine und Fersen in ihn hineinsinken. Kuschle dich ganz in den Boden. Du bist entspannt und schwer. Dein Atem fließt gleichmäßig und ruhig ... Laß ihn ausruhen, deinen Körper. Deine Phantasie jedoch ist hellwach. Sie ist nun bereit, mit dir auf eine Reise zu gehen. Laß dich von ihr führen.

Ins Blaue schweben

Mit der Phantasie auf Reisen gehen

Stell dir einen schmalen Weg vor. Du läufst ihn entlang, bis du zu einer weiten Wiese kommst. Dort siehst du es – das große, bunte Luftschiff. Barfuß rennst du über das weiche Gras geradewegs auf das Luftschiff zu. Wie groß und schön es ist! Schau es dir ganz genau an ... Lauf ruhig mal um das Luftschiff herum. Seine durchsichtigen Wände sind gespannt. Ein leichter Wind streicht darüber.

Jetzt steigst du ein. Such dir den schönsten Platz, wo du alles um dich herum sehen kannst. Lehn dich zurück und mach es dir bequem. Du schnallst dich an – und weißt, du bist ganz sicher während dieser Fahrt ins Blaue.

Schon hörst du den Motor leise summen. Der Motor, das ist deine eigene Stimme. Sie gibt unserem Luftschiff Auftrieb. Suche dir irgendeinen Ton ... vielleicht ein „a“, ein „e“, ein „i“ oder ein „u“ ... Du singst ihn leise, während dein Atem ausströmt. Versuch es mal – und du wirst sehen und spüren, daß das Luftschiff langsam abhebt ... Es geht hoch ... Immer höher ...

Jetzt, wo du schwebst, braucht das Luftschiff keinen Motor mehr. Der Wind trägt es mit sich fort. Hörst du, wie er leise singt? Sonst ist es ganz still hier oben. Jetzt entdeckst du eine kleine Klappe neben dir. Du öffnest sie und wirfst allen Ballast hinunter, alles, was dich bedrückt, was auf dir lastet oder dir Kummer und Sorgen macht ... Eine Sorge

nach der anderen läßt du einfach fallen. Du merkst, wie dein Luftschiff an Höhe und Leichtigkeit gewinnt.
Unter dir liegt die Erde. Siehst du, wie klein alles wird, je höher das Luftschiff steigt? Siehst du die wunderschönen Bilder? ... Über dir der Himmel. Ein unendliches Blau ... Schau dich um ...

- Hier können die Kinder weiterträumen. Entweder in der Stille oder während sie das Lied hören.

Rückkehr

Wo das Lied endet, geht die Phantasiereise noch ein wenig weiter. Sie holt die Kinder wieder aus der Traumwelt zurück und läßt sie bei sich ankommen.

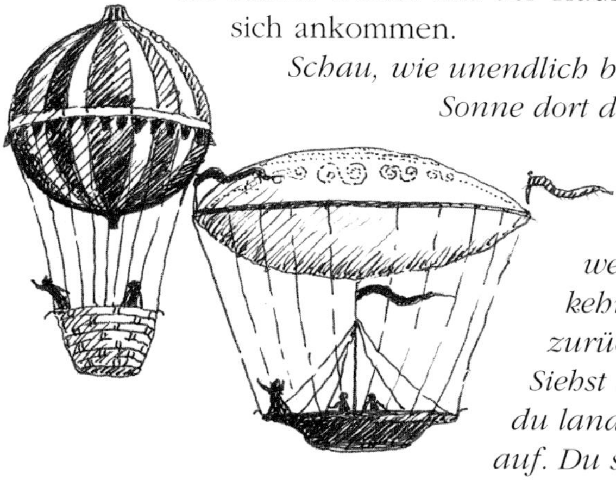

Schau, wie unendlich blau der Himmel hier oben ist. Die Sonne dort drüben, sie ist strahlend hell. Kannst du ihre wärmenden Strahlen spüren? ... Noch einmal zieht das Luftschiff eine weite Kurve am Himmel, dann kehrt es langsam wieder zur Erde zurück. Es gleitet tiefer und tiefer. Siehst du die große Wiese? Bald wirst du landen ... Sanft setzt das Luftschiff auf. Du schnallst dich los und steigst aus. Nun atmest du tief ein und aus. Du reckst und streckst dich ein wenig, schüttelst Arme und Beine aus, bis sie wieder leicht und locker werden. Dann öffnest du die Augen – und bist wieder in die Wirklichkeit zurückgekehrt.
Vielleicht möchtest du erzählen oder malen, was du alles erlebt hast?

Mach dich ganz schwer

Sich entspannen – Vertrauen gewinnen

Schweben, wiegen, schaukeln ... Locker und schwer liegt ein Kind in einer Decke, die alle zusammen anfassen und hochheben. Sanft wiegen und schaukeln sie das Kind im Rhythmus des Liedes, das gesummt oder gesungen wird. Besonders der Refrain eignet sich dazu: „Fliege mit mir ...“

Am schönsten kann sich der „Passagier“ des Luftschiffs die Bilder seiner Reise vorstellen, wenn er die Augen geschlossen hat. Bei seiner Landung wird er vorsichtig auf den Boden gelegt. Dort darf der „Passagier“ noch ein wenig nachträumen. Währenddessen sitzen alle Kinder still um ihn herum. – Strophe um Strophe erlebt nun immer wieder ein anderes Kind dieses Gefühl, geschaukelt und getragen zu werden. Im Vertrauen, daß ihm nichts passiert.

Klänge zum Lied

So, wie es hier abgedruckt ist, reiht sich in unserem Lied Strophe an Strophe. Das bedeutet für Kinder Bild an Bild. Sich diese Bilder vorzustellen oder gar dabei zu verweilen, dazu brauchen sie Zeit. Erst diese „Zeit“ ermöglicht es, aus einem Lied eine kleine Meditationsmusik zu machen.
Das bereits erwähnte Motiv „Fliege mit mir“ wirkt in seiner schwebenden Melodie klangmalend und suggestiv zugleich. Es braucht, um seine Wirkung zu entfalten, viel Raum. Wiederholen Sie es so oft, wie es die Kinder brauchen, um in Ruhe die Phantasie reisen zu lassen.

- Auch dynamische Veränderungen schaffen Weite und Raum. So kann zunächst dieser Refrain in normaler Lautstärke erklingen. Dann wird er allmählich leiser und leiser, bis er schließlich „in der Ferne“ verklingt.

- Neue Klangräume öffnen sich, wenn man versucht, den Refrain mehrstimmig zu singen. Allerdings verliert sich, wenn dies erst mühsam geübt werden muß, die meditative Wirkung sehr schnell. Wählen Sie deshalb immer die einfachste Lösung:
  Versuchen Sie zunächst, den Refrain mit den Kindern so zu singen, wie er in den Noten steht. Wiederholen Sie ihn, vielleicht bei geschlossenen Augen, bis sich die Kinder ganz sicher fühlen. Dann „fliegen“ Sie mit Ihrer Stimme eine Terz (3 Töne) höher. Erleben Sie gemeinsam den neuen Klang. Vielleicht „fliegt“ nun das eine oder andere Kind mit seiner Stimme Ihnen nach? Schwingen Sie sich in Ruhe auf diesen nun etwas volleren Klang ein. Je nach Alter der Kinder können Sie jetzt, nachdem sich der zweistimmige Zusammenklang eingespielt hat, noch etwas höher „fliegen“ und den Refrain auf der Quint (5. Ton) singen. Dieser „sound“, der den ganzen Raum füllt, wird das Luftschiff endgültig abheben lassen! Schweben, fliegen, horchen, tönen ...

Meine Traumlandschaft

Gemeinsam das Erlebte malen

Viel gibt es zu sehen, wenn wir in unserer Vorstellung dem Lied des Windes und all den Klängen folgen, die unser Lied in uns wachruft. Je höher das Luftschiff schwebt, desto kleiner wird die Welt unter uns. Das Haus, die Straße, unsere Stadt, das alles sieht wie Zwergenspielzeug aus.
Was haben wir alles gesehen während des Flugs? Wo wären wir am liebsten gelandet und ausgestiegen?
Gemeinsam malen die Kinder auf ein großen Blatt das, was sie erlebt haben. So entsteht ganz allmählich in der Stille eine bunte Traumlandschaft von oben gesehen. Und anschließend gibt es viel zu erzählen.

Ausklang

Die gemalte Traumlandschaft liegt auf dem Boden. Alle Kinder sitzen nochmals um sie herum und gehen mit den Augen auf die Reise. Auch Instrumente liegen bereit, mit denen die Kinder zum Abschied wieder das Lied des Windes zum Klingen bringen und sich erneut an die Phantasiereise ins Blaue erinnern (zu geeigneten Instrumenten siehe auch Seite 126/127).

Folg deinem Weg

Text und Melodie:
Dorothée Kreusch-Jacob

2. Jetzt wird es dämmrig, jetzt wird es kühl,
die Füße versinken im Moos.
Erst hinauf, dann hinab zum kleinen Steg,
dann siehst du schon den Kieselweg!
Und dann? Und dann?

Folg deinem Weg …

3. Ein Sonnenstrahl führt dich. Jetzt wird es hell,
du trittst auf die Wiese hinaus.
Legst dich mitten hinein in den Blumenduft,
spürst warm den Boden und riechst die Luft.
Und dann? Und dann?

Folg deinem Weg …

4. Jetzt hörst du den Kuckuck, die Grille, sie geigt,
die Blumenfee tanzt mit dem Zwerg.
Der Froschkönig wirft den gläsernen Ball,
es summt und klingt und pfeift überall.
Und dann? Und dann?

Wie könnt's weitergehn?

„Was ist der Weg? – Er liegt vor deinen Augen.“ So lautet ein japanischer Sinnspruch. Der Weg ist ein Grundsymbol für diejenigen, die Sinn und Mitte suchen. Sein Geheimnis zeigt sich jedoch erst, wenn wir uns ihm ganz überlassen. Er führt uns. So einfach. Und so schwer.

Unser Lied führt vom dunklen Wald auf eine sonnendurchflutete Wiese. Da jedoch kaum ein Weg, nicht einmal im Märchen, geradewegs auf das Ziel zuführt und Umwege und Irrwege zu jedem (Lebens-)Weg gehören, enden die Spiele, die sich aus diesem Lied entwickeln, nicht in einem geraden Weg, sondern im Gestalten einer Spirale. Das Labyrinth, wie es in manchen Kathedralen noch zu sehen ist, die Spirale, die unsere Finger bei einem Schneckenhaus betasten können, kann Symbol sein für den Weg eines Menschen. Auch Kinder erfassen zunächst intuitiv und spontan dieses Wechselspiel von innen und außen, Ursprung und Ziel. Dieses Ur-Zeichen der Spirale steht für die Suche nach dem eigenen Weg, der nie gerade sein kann – nur ihm selbst gemäß.

Einladung

Wunderschönes Wetter heute – gerade richtig für eine kleine Wanderung!
Nach dieser Einladung machen die Kinder alle Bewegungen pantomimisch mit:
Erst mal anziehen. Socken, Schuhe, Jacke, Mütze ... dann noch den Rucksack ... Türe auf und die Treppen runter. Ah – die frische Luft! Die Sonne! Zum In-die-Luft-springen! – Dann geht's die Straße entlang in großen Sprüngen über die Pfützen vom letzten Regen. Nach der Kreuzung beginnt die Wiese. Wir kriechen unter dem Zaun durch, dann stelzen wir wie Störche durchs hohe taufeuchte Gras. Dort drüben ist der Bach! Vorsicht, hebt die Hosenbeine hoch – es wird sumpfig! ... Jetzt noch das kleine Stück bis zum Steg. Er ist so schmal, daß wir vorsichtig balancieren müssen, einer hinter dem anderen. Endlich der Kieselweg. Wir rennen bis zum Wald. Atemlos kommen wir beim Rabenstein an. Dort ruhen wir ein wenig aus ... Wollt ihr eure Decken ausbreiten?

Sich näherkommen

Füße verwöhnen, Füße wahr-nehmen

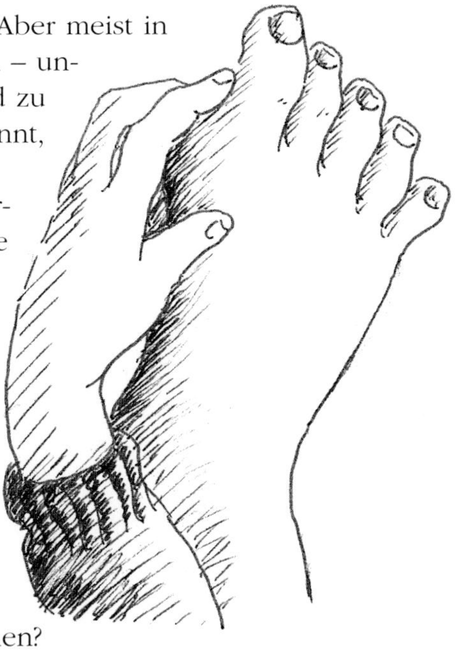

Sie gehen jeden Weg mit uns, tagein, tagaus ... Aber meist in Schuhen und Strümpfen, unbeachtet, übersehen – unsere Füße. Es tut gut, sie ab und zu in die Hand zu nehmen. – Dazu sitzen wir aufrecht und entspannt, so daß wir einen Fuß bequem mit den Händen umfassen können. Wir erkunden mit den Fingerspitzen unsere Zehen, den Ballen, die Sohle, die Ferse ... Wo sind rauhe, wo zarte Stellen? Wo kitzelt es? Langsam lassen wir den Fuß kreisen und bewegen die Zehen nach allen Richtungen. Vorsichtig ziehen wir ein bißchen an den Gelenken. Dann beginnen wir unseren Fuß zu massieren, zu drücken, zu kneten. Mit den Knöcheln unserer Faust bearbeiten wir die Sohle so sanft oder fest, wie es uns gut tut. Anschließend wird der letzte Rest von Müdigkeit in Richtung der Zehen ausgestrichen. Wie fühlt sich unser Fuß nun an, wenn wir stehen? Wärmer, größer, wacher als der andere? Spüren wir mehr Verbindung zur Erde? – Anschließend ist der andere Fuß an der Reihe. Diese Massage der Reflexzonen weckt nicht nur die Füße, sondern den ganzen Menschen.

Tast-Weg

Mit den Füßen „sehen"

Mit „wachen" Füßen gehen ist ein besonderes Vergnügen, vor allem, wenn wir barfuß sind. Dann beginnen sie wieder zu fühlen und zu spüren, ja sogar zu „sehen". Vor allem, wenn wir den Sehsinn ausschalten und die Augen schließen, können uns Füße vieles über den Weg erzählen, den sie gerade gehen.

- Wir können unsere Füße raten lassen, was da am Boden liegt – ein Bleistift, eine Kastanie, ein Kuscheltier, ein Stein, ein Tannenzapfen ...? Eine Stille-Übung ganz besonderer Art ist ein Tastweg, den wir aus verschiedenen Materialien legen. Schritt für Schritt „erzählen" die Füße, was sie spüren. Ist es rauh, feucht, warm, glatt, hart oder weich?

- Vielleicht kennen Sie auch einen Weg draußen in der Natur, der sich zum Barfußlaufen eignet. Ein Erlebnis für kleine und große Füße! Sich bei der Hand nehmen, die Augen schließen und „ganz Fuß" sein. Langsam die Sohle abrollen und jede Bewegung wahrnehmen. Feinen Sand fühlen, lockere Erde, weichen Matsch, der durch die Zehen quillt, taufrisches Gras, trockene Tannennadeln und Wasserlachen erleben. Und Spuren hinterlassen, die davon erzählen, welche Füße hier ihren Weg gesucht haben.

Sich erden

Atmen und lockern

Du stehst und atmest tief in den Bauch hinein und langsam wieder aus. Zieh dein Kinn etwas an und dehne dabei den Nacken. Stell dir vor, daß dein Kopf an einem Faden hängt, der dich mit dem Himmel verbindet. Jetzt lockerst du die Schultern und läßt sie sinken. Deine Brust weitet sich ... Bist du auch in den Knien locker?

Nun hältst du dich am Boden mit den Zehen fest – und läßt wieder los. Hebe auch deine Fersen hoch und laß sie kräftig wieder fallen. Spürst du den Boden? Deine Wurzeln reichen bis tief in die Erde. Spüre ihnen ein wenig nach. Diese Erde liebt dich, sie schützt und nährt dich. Jetzt hast du festen Boden unter deinen Füßen.

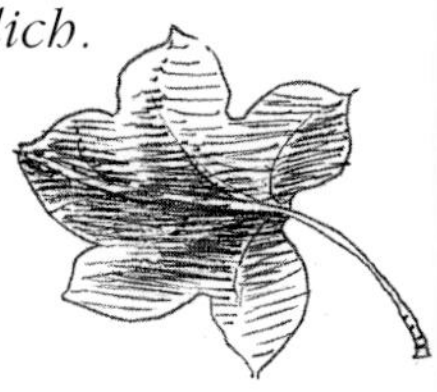

Traumweg

Eine gesungene Phantasiereise

Ein Weg muß nicht immer mit den Füßen gegangen werden. Du kannst ihn auch in Gedanken, in deiner Phantasie gehen. Mach es dir bequem und schließe die Augen. Bist du ganz entspannt? Fließt dein Atem ruhig? Fühlst du, wie deine Glieder schwer werden?
Das Lied, das du gleich hören wirst, führt deine Phantasie von Strophe zu Strophe ein Stück weiter. Wohin? Du wirst es mit deinen „inneren" Augen sehen und mit deinen „inneren" Ohren hören. Du wirst es sogar riechen. Und deine Füße werden es spüren, wohin sie nun barfuß gehen. Du wirst auch merken, daß in unserem Lied immer wieder eine kleine Frage auftaucht. Sie heißt: „Und dann?" Ja, dann schau dich um, wo du dich gerade befindest, und geh deinen Weg weiter, bis du an einem wunderschönen Ort angekommen bist.
Dieses „Und dann?" taucht auch nach dem letzten Vers auf. Trotzdem ist das Lied noch nicht zu Ende. Du bist eingeladen, es in Ruhe zu Ende zu träumen ..."

- Hier kann das Lied beginnen. Wenn es von der MC/CD gehört wird, träumen die Kinder während des Nachspiels weiter. Dieses mündet nach einiger Zeit wieder in die ruhige Wald-Atmosphäre ein. Auf diese Weise können die kleinen Hörer in ihrer Phantasie wieder den Weg durch den Wald zurückgehen und bei sich „ankommen".

- Wenn Sie das Lied selbst singen, endet es tatsächlich mit einem Fragezeichen: „Und dann?" Sogar die Melodie bleibt „fragend" in der Luft stehen, statt zum Grundton abzufallen. An dieser Stelle können Sie noch einmal mit leisen Worten an die Einladung zum Weiterträumen erinnern. Lassen Sie hier Stille einkehren, so lange, wie es die Situation und das Bedürfnis der Kinder zulassen. Danach führen Sie das Lied durch leises Summen des Refrains zu Ende.

- Versäumen Sie es nicht, anschließend auch mit Worten die Kinder zurückzuholen:

Schau dich noch einmal auf der Waldwiese um und verabschiede dich von all den Bildern und Gestalten, die dir dort begegnet sind. Dann gehst du den Weg durch den Wald wieder zurück ... Ich zähle von zehn an rückwärts. Wenn ich bei eins ankomme, bist du wieder wach und munter. Zehn ... neun ... acht ... sieben – reck und streck dich ein bißchen – sechs ... fünf – atme tief durch – vier ... drei – und öffne die Augen – zwei ... eins! Du bist von einem erfrischenden Waldspaziergang zurückgekehrt.

Weg-Bilder

Das Erlebte malen

Welche Stelle des Weges war besonders schön? Wo wärst du gerne geblieben? Wo wärst du am liebsten umgekehrt? Was hast du auf der Waldwiese erlebt?

Ohne zu sprechen malen die Kinder ihre spontanen Erinnerungen an den Traumweg. Falls das Schweigen schwerfällt, summen wir leise den Refrain des Liedes – oder hören ruhige Musik. Nachher nehmen wir uns Zeit zum Erzählen.

Tanzen möcht' ich

Ein Tanzspiel mit Klängen

Jedes Kind bekommt ein kleines Instrument. Eine Rassel (gefülltes Filmdöschen), ein Glöckchen, eine Musikkugel oder ein Schellenband (aufgefädelte Glöckchen, Ringe und andere klingende Dinge). Wer die Hände beim Tanzen frei haben möchte, steckt sich das Instrument einfach in die Hosentasche, es wird trotzdem bei jeder Bewegung klingen. Die Schellenbänder werden um Hand- und Fußgelenke gebunden oder am Gürtel festgemacht.
Ehe das Tanzspiel beginnt, schließen wir die Augen und erinnern uns an die Waldwiese, von der unser Lied erzählt. Dabei stehen wir locker und entspannt da und versetzen uns in Gedanken an diesen wunderschönen Ort: Sonnenstrahlen wärmen unsere Haut, es duftet nach Gras und Blumen. Die Luft ist erfüllt von den Liedern der Vögel ...
Überall ist Bewegung. Die Schmetterlinge tanzen mit den Blumen, der Wind mit den weißen Wolken am Himmel, die Blumenfee mit dem Zwerg – und der Froschkönig läßt seinen gläsernen Ball hüpfen ... Er wirft ihn uns zu. Wer ihn auffangen will, öffnet die Augen und beginnt zu tanzen.

Einmal verwandeln wir uns in den kleinen Zwerg, wirbeln, stampfen, schütteln uns. Dann wieder in die schwebende Blumenfee oder den hüpfenden Froschkönig. Dabei entsteht eine lustige Musik, denn jede Bewegung bringt die kleinen Instrumente zum Klingen.
Ein Zauberklang (Gong, Zymbel ...) läßt schließlich Ruhe einkehren. Außer Atem gekommen, lassen wir uns auf einer Decke nieder und schließen die Augen. Wir spüren, wie schnell unser Puls jagt. Wärme und Energie durchfluten unseren Körper bis in die Finger- und Fußspitzen. Allmählich jedoch wird unser Atem ruhiger. Gedanken kommen und gehen. Es wird still in uns ...
Ehe wir aufstehen, vergessen wir nicht, tief durchzuatmen, uns zu recken und zu strecken. Wir sind entspannt und erfrischt!

Weg in die Mitte

Die Spirale

Alle Kinder gehen gemeinsam ihren Weg, z.B. eine große Spirale. Runde um Runde führt ein Kind die anderen bis zur Mitte. Dazu kann leise die Melodie unseres Liedes gesummt werden. Auf der „Waldwiese" in der Mitte lassen sich alle eng aneinandergeschmiegt nieder. Jeder spürt das Gewicht und die Wärme des anderen. Nun schließen wir die Augen. Für einige Augenblicke ist es ganz still ...

Auf ein Klangzeichen mit der Klangschale oder dem Gong erheben sich alle und gehen den Weg wieder zurück. Dieses Mal führt das letzte Kind die anderen an. Das Spiel kann sich so oft wiederholen, bis jedes Kind einmal die anderen führen durfte.

Ein Weg für die Augen

Mandala

Gemeinsam legen nun die Kinder ihren Weg, den sie eben gegangen sind, aus bunten Tüchern oder Seilen. Er kann auch mit Kreide gemalt werden. Draußen in der Natur können wir mit einem Stock die Form in den Boden ritzen. So entsteht eine große Spirale, die genügend Platz zum Gehen bietet. Während dieses Mandala gestaltet wird, ist es ganz still. Nur vereinzelt erklingen Töne auf einem Gong oder einer Klangschale. Sind diese Instrumente nicht vorhanden, summen wir die Melodie unseres Liedes.

Ein Sonnenstrahl führt dich

Führen, fühlen, folgen

Wie sich dieser Weg wohl mit geschlossenen Augen geht? Nur ein „Sonnenstrahl" soll uns führen, wie es im Lied heißt. Für dieses Spiel finden sich immer zwei Kinder zusammen. Beide besprechen sich, wer führt und wer sich lieber führen läßt. Das Kind, das führt, legt seine Hand sanft auf den Rücken des anderen. Es fühlt sich warm an, wie ein Sonnenstrahl. Das andere Kind schließt die Augen und spürt eine Weile die Wärme der Hand. Dann läßt es sich behutsam und langsam von diesem „Sonnenstrahl" durch die Spirale führen, bis in die Mitte. Dort, auf der „Waldwiese", ruhen beide eine Weile aus.

Dieses Spiel kann auch musikalisch gestaltet werden. Während die beiden gehen, sitzen alle Kinder im Kreis um die Spirale und summen oder singen den Refrain:

„Folg deinem Weg, er liegt vor deinen Füßen ...“

Ruhen die beiden Wanderer sich auf der „Waldwiese“ in der Mitte aus, kehrt Stille ein. Alle horchen und erleben diese Stille, bis der Klang einer Klangschale oder eines Gongs zum Rückweg einlädt.

Klänge zum Lied

Mit wenigen Klängen können wir den Weg „malen“, den unser Lied Vers für Vers beschreibt.

- Schritte: Ein ruhiger, gleichmäßiger Geh-Rhythmus kann sich durch das ganze Lied ziehen. Dafür eignen sich zwei verschieden klingende Rasseln (für jede Hand eine). Wie hören sich Schritte auf dem Kieselweg, auf dem Moos, auf dem Holzsteg an?
- Wald-Atmosphäre: Leises, mehrstimmiges Summen; dazu Vogelstimmen (mit der Stimme, auf Grashalmen, auf Spielzeugvogelpfeifchen)
- Bach: Übers Xylophon streichen oder auf einer Kalimba zupfen (s. Seite 126)
- Waldwiese: Ein Klangbild mit Stimmen (Vögel, Bienen, Hummeln) oder die Tanzinstrumente des oben beschriebenen Tanzes (siehe S. 36)
- Abschied von der Waldwiese: Leises Summen ... Stille ...

Für Stille-Übungen oder das Legen der Spirale können sparsam gesetzte Klänge eines Gongs vertiefend wirken.

Ausklang

Für unser Nachspiel gestalten wir die Mitte der Spirale mit Blumen, Blättern, Steinen, Instrumenten oder Teelichtern. Rundherum sitzen die Kinder im Kreis. Nun geht jedes Kind allein seinen Weg. Es holt sich aus der Mitte eine Blume oder ein Licht und legt es beim Rückweg dort nieder, wo es sich beim Gehen am wohlsten fühlt. Am Ende, wenn auch das letzte Kind wieder im Kreis bei den anderen angekommen ist, hat sich das Bild des „Weges" verändert.
Danach nehmen wir uns Zeit zum Erzählen. Und schließlich zum Abschied erklingt noch einmal der Refrain unseres Liedes. Seine Botschaft wird uns begleiten.

Kieselstein, Zauberstein

Text und Melodie:
Dorothée Kreusch-Jacob

2. Kieselstein, Zauberstein,
was hast du gesehn?
Erdendunkel, Sterngefunkel,
Berge, Flüsse, Seen?
Kieselstein, Zauberstein,
was hast du gesehn?

3. Kieselstein, Zauberstein,
sag mir was ins Ohr!
Sing mir leise Windmusik
und Wasserlieder vor!
Kieselstein, Zauberstein,
sag mir was ins Ohr!

4. Kieselstein, Zauberstein,
was kannst du mir geben?
Einen kurzen Augenblick
aus deinem langen Leben?
Kieselstein, Zauberstein,
was kannst du mir geben?

5. Kieselstein, Zauberstein,
ich fühl' dich in der Hand
und male meinen Namen
mit dir in den Sand.
Kieselstein, Zauberstein,
ich fühl' dich in der Hand.

Eindrücke über Eindrücke stürzen auf unsere Kinder täglich ein. Was Wunder, wenn da manchmal das Einzelne über-sehen wird. Deshalb ist es notwendig, immer wieder Dinge ins Blickfeld zu rücken, die eigentlich ganz unscheinbar sind. Sie werden, wenn wir unsere ganze Aufmerksamkeit und Wahrnehmung auf sie richten, einzigartig und zu kostbaren Geschenken der Natur. In die Mitte gestellt, lassen sie uns etwas vom Geheimnis der Schöpfung ahnen. Sie sprechen uns an, sie berühren uns – eine Blume, ein Blatt, eine Frucht oder ein Stein.

Einladung

Auf einem Tuch in der Mitte des Kreises liegen Kieselsteine, kleine und größere, geschliffen und geformt von Wasser, Wind und Sand. Eigentlich nichts Besonderes. Oder doch?
Mit einem kleinen Ritual werden die Kinder zum Näherkommen und Stillwerden eingeladen. Dazu genügt es, die erste Strophe des Liedes zu singen oder zu summen. Wer bereit ist, kommt in den Kreis und summt leise mit. Als Begleitmusik kann jedes Kind immer wieder leise einen Stein auf die anderen Steine fallen lassen.
Wie sind Steine entstanden? Wie alt sind sie? Welche Rolle spielen Wind und Wetter? Hier können Sie den Kindern etwas über Steine erzählen, je nach Altersgruppe mehr oder weniger ausführlich.

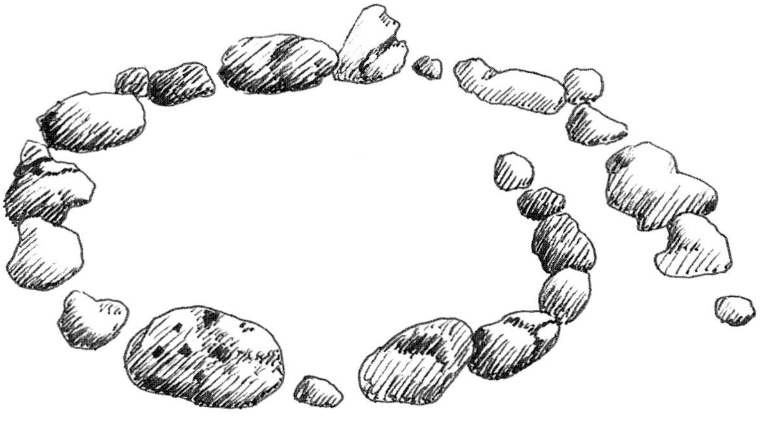

Freundschaft schließen

Wir sitzen in lockerer und doch aufrechter Haltung im Kreis. Die Augen sind geschlossen. Unsere Hände bilden eine kleine Schale. In jede Schale wird ein Stein gelegt. Wir nehmen ihn mit den Händen ganz besonders intensiv wahr. Ist er klein, groß, rund, glatt oder rauh? Ist er schwer, fühlt er sich kühl an? Allmählich schließt unsere Hand Freundschaft mit dem Stein. Er wird ganz warm. Es ist still im Raum. Erst nach einer Weile erklingt unser Lied. Wir „hören" es auch mit den Händen.

Kieselstein, was hast du gesehen?

Eine Steingeschichte

Jetzt öffnen wir wieder die Augen. Wie sieht unser Stein aus? Was erzählen uns die feinen Zeichnungen, Muster und Farben? Der Stein in unserer Hand hat eine lange Geschichte. Er hat schon viel gesehen. Erdendunkel, Sterngefunkel ... Woher kommt er? Vom Straßenrand, aus dem Bach, von den Bergen? Oder hat er Hunderte von Jahren unter einer Baumwurzel geschlafen?

Wir schließen wieder die Augen und lassen den Stein erzählen ... Nach dieser Gedankenreise sehen wir ihn mit anderen, „neuen" Augen. Jedes Kind weiß eine andere Stein-Geschichte. Wir hören einander aufmerksam zu.

Mein Stein – dein Stein

Geben und nehmen

Wir haben Freundschaft mit unserem Stein und unserem Lied geschlossen. Während es noch einmal gesungen oder gesummt wird, wandern die Steine von Hand zu Hand. Dabei sind die Augen geschlossen.
Den Augenblick zum Weitergeben erspüren wir mit dem Atem, den wir beim Singen oder Summen brauchen. Wenn dies noch schwerfällt, verlängern wir die Atempause ein wenig nach jeder Liedzeile.
Geben und nehmen ... Im Lauf des Liedes erkennen wir immer wieder den eigenen Stein, lassen ihn los und schicken ihn weiter auf die Reise. Nachdem das Lied verklungen ist, warten wir, bis „unser" Stein wieder bei uns angekommen ist.

Stein-Klang

Horchen und spielen

„Sag mir was ins Ohr!" heißt es im Lied. Mit Steinen können wir Musik machen. Wir horchen, welche Klänge sich hervorbringen lassen. Aneinanderklopfen, auf dem Boden rollen, kleinere Steine in den geschlossenen Händen wie in einer Rassel schütteln ...

Man kann sie auch der Reihe nach ins Wasser werfen. Dann erklingt eine kurze, spritzige Wassermusik.
Steinklänge lassen sich auch von Ohr zu Ohr weitergeben. Jedes Kind hat zwei Steine. Während das Kind sie aneinanderschlägt, flüstert es dem Nachbarn leise ins Ohr „Kieselstein, Zauberstein!“ Dieser gibt den kurzen Rhythmus, mit seinen Steinen gespielt, an das nächste Ohr weiter. Alle horchen und nehmen dabei wahr, wie der Klang langsam im Kreis wandert und – je nachdem, wie groß oder wie klein die Steine sind – immer wieder eine andere Klangfarbe bekommt.
Draußen am Wasser können aus verschieden großen Steinen Steinkreise gelegt werden. Mit einem anderen Stein kann man darauf Rhythmen klopfen. Je nach Größe der Steine klingt es höher oder tiefer. Anschließend ist noch eine kurze, spritzige Wassermusik zu hören, wenn ein Stein nach dem anderen ins Wasser plumpst oder über die Wasseroberfläche hüpft.

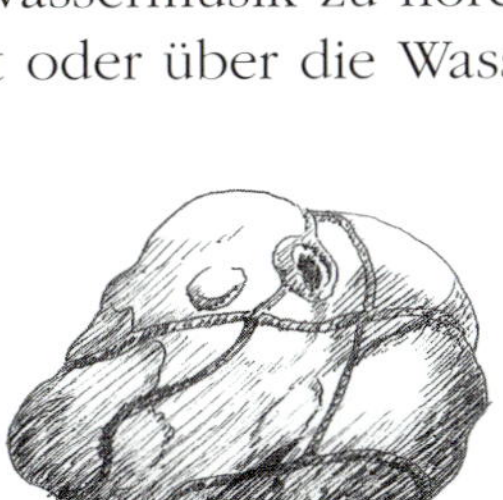

Zauberstein

Jedes Kind bekommt einen „Zauberstein“ geschenkt. Er wird vorsichtig auf den Kopf gelegt. Und tatsächlich, er verzaubert! Unmerklich richten wir uns auf. Wie eine Königin, wie ein König sitzen wir da. Würdevoll und gerade so, als wären wir noch ein Stück gewachsen. Wir schließen die Augen und spüren den Zauberstein. Nun versuchen wir uns vorsichtig zu erheben. Sollte dabei der Zauberstein verrutschen, rücken wir ihn wieder zurecht. Langsam, Schritt für Schritt, gehen wir durch den Raum. Alle Bewegungen laufen im Zeitlupentempo ab. Wir schreiten, wie nur Könige schreiten können. Dazu summen wir leise die Melodie unseres Liedes „Kieselstein, Zauberstein ...“ Am Schluß legen alle Könige ihren Zauberstein kreisförmig in die Mitte.

Stein-Bild

Mandala

Der Steinkreis des letzten Spiels bildet den Rahmen für ein Bild, das wir nur aus Steinen legen. Vielleicht entsteht eine Spirale oder eine Sonne – oder etwas ganz anderes. Gemeinsam und ohne zu sprechen lassen die Kinder das Bild „wachsen“. – Auch im Freien lassen sich schöne Steinbilder legen. Und wer dazu noch farbigen Sand, groben und feinen Kies oder Erde verwendet, wird erstaunt sein, wie gut man mit diesen Naturmaterialien „malen“ kann. –

Auch für das Betrachten unseres Bildes nehmen wir uns Zeit, während wir still im Kreis sitzen. Zeit aber auch zum Zuhören, denn jedes Kind hat etwas anderes beim Gestalten erlebt. Und für jeden hat dieses Bild eine andere Bedeutung. Reihum versucht einer nach dem anderen, dem Steinbild einen Namen zu geben.

Ausklang

Ein Tanz rund um unser Steinbild soll den Abschluß bilden. Jedes Kind sucht sich aus dem Steinbild „seinen" Stein, der ihm noch aus den vorangegangenen Spielen vertraut ist. Dann bilden alle zusammen einen Kreis. Statt daß sich die Hände berühren, liegt nun zwischen allen Handflächen ein Stein. Sanfter Druck hält ihn, so daß er nicht fallen kann. Verbunden durch die Steine wiegen wir uns hin und her. Ganz vorsichtig und behutsam sind unsere Bewegungen. Wir spüren die Steine in unseren Handflächen. Wir spüren uns selbst, verbunden durch den Kreis.
Ganz allmählich beginnt sich nun der Kreis zu drehen ... Dazu erklingt noch einmal unser Lied. Es ist uns mittlerweile so vertraut wie der Stein in der Hand. Anschließend nimmt jedes Kind dieses Geschenk der Natur mit nach Hause. Dort bekommt es einen ganz besonderen Platz.

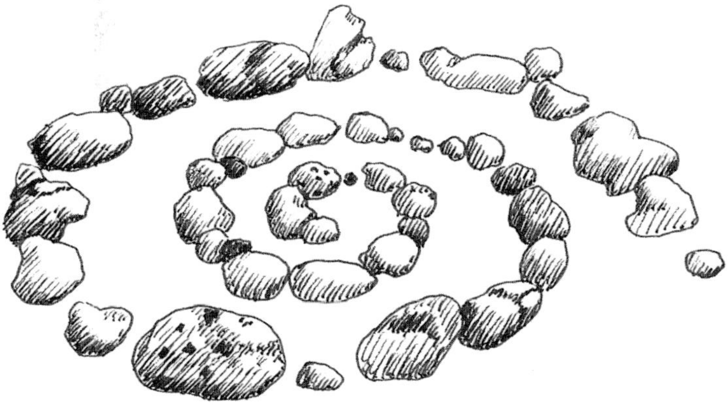

Hol dir ein Gelb aus der Sonne

Text und Melodie:
Dorothée Kreusch-Jacob

2. Hol ein Orange aus dem Apfel,
hol dir ein Grün vom Baum,
hol dir das Silber der Sterne,
hol dir ein Gold aus dem Traum.

3. Hol dir ein Blau aus dem Himmel,
hol dir das Dunkel der Nacht,
hol dir ein Lila vom Flieder,
spür, was ein Rot mit dir macht.

4. Mal deinen Regenbogen,
schillernd, leuchtend und schön,
schau, wie die Farben strahlen,
nur du allein kannst ihn sehn!

Farben sind Schwingungen. Selbst manche Blinde können sie mit der Haut „sehen" und spüren. Ohne Licht kein Leben. Das Wechselspiel zwischen Licht und Dunkelheit läßt eine Welt von Farben entstehen. Das erkannte nicht nur Goethe in seiner Farbenlehre. Alte Kulturen in Ägypten, Griechenland, China, Tibet und auch die Indianer besaßen ein intuitives Wissen um die Wirkungskraft der Farben auf Körper und Seele. So gab es in Ägypten Tempel der Heilung. Hier konnten Kranke in violett, tiefblau oder zartrot bemalten Räumen in tiefer Ruhe ihr inneres Gleichgewicht wiederfinden. Auch die heutige Wissenschaft greift dieses Thema wieder auf. Man weiß, daß bestimmte Farben oder Lichtverhältnisse Blutdruck, Aktivität der Gehirnwellen, Lernverhalten und seelische Gestimmtheit beeinflussen. „Hol dir ein Gelb aus der Sonne ...!"

Einladung

Körperbezogen und laut tobend gehen manche Kinder den Weg in die Stille. Auch draußen in der Natur gehen oft Sturm und Regen einem Regenbogen voraus.

Bevor nun unser leises Lied vom Regenbogen beginnt, ist also ordentlich was los am Himmel! Der Wind saust und pfeift, treibt Regen vor sich her. Huiii ... schschsch ... fffff ... Ab und zu fahren auch Blitz und Donner dazwischen (Stampfen/Händeklatschen). Die Sonne (der Erwachsene) schläft hinter einer dicken Wolke. Doch nach einiger Zeit wird sie vom wilden Treiben geweckt. Sie kommt langsam hervor und schickt ein paar helle Strahlen über Himmel und Erde. Dabei ist der „Sonnen-Ton" zu hören (Röhrenklangspiel, Triangel oder Zymbel). Und siehe da – es wird ruhig am Himmel. Der Wind zieht sich zurück, und Regentropfen fallen leise auf die Erde (Stimmgeräusche). Sonne und Regen – das bedeutet, daß die Zeit des Regenbogens da ist.

Mach die Augen zu ...
Die Augen ausruhen lassen

Kaum ein anderer Sinn ist so vielen Reizen ausgesetzt wie unsere Augen. Kein Wunder, daß sie manchmal müde werden und die Flut an Farben, Bildern und Eindrücken kaum mehr verarbeiten können.
„Mach die Augen zu ..." heißt es im Refrain unseres Liedes. Das heißt noch lange nicht schlafen oder in beängstigendem Dunkel hocken. Bevor wir mit unseren „inneren" Augen zu schauen beginnen, tut eine Entspannung gut:

Du sitzt entspannt und aufrecht da. Dein Atem fließt regelmäßig ein und aus. Ein und aus ...
Jetzt reibst du deine Handflächen so lange, bis sie sich schön warm anfühlen ...
Lege sie nun wie kleine Schalen über deine geschlossenen Augen. Spürst du ihre Wärme?
Dein Atem fließt ruhig und gleichmäßig. Ganz entspannt sind deine Augen.

Sie genießen die Wärme und Energie, die von deinen Händen kommt ...
Jetzt läßt du deine Hände sinken. Spüre noch einmal mit deinen Augen nach. Du fühlst jetzt eine angenehme Kühle. Du spürst, daß sich nicht nur deine Augen entspannen, auch dein Kopf, die Stirn, der Kiefer, der Mund, dein ganzes Gesicht ist entspannt ...
Genieße es – und spüre noch ein wenig nach ...
Jetzt öffnest du wieder die Augen.

Diese Entspannung kann auch Kindern helfen, denen es schwerfällt, die Augen zu schließen:

Mach die Augen zu,
dann kannst du besser schauen,
komm, guck's dir mal von innen an,
du kannst dir ganz vertrauen.

Regenbogenschüsselchen

Sitzen und entspannen

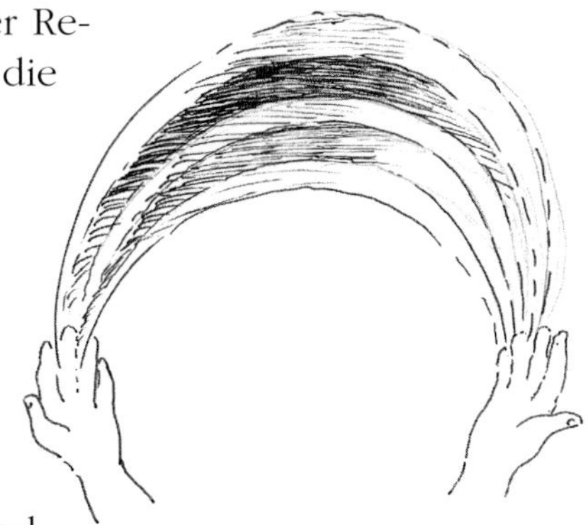

In alten Geschichten wird immer wieder von den Regenbogenschüsselchen erzählt. Sie sind dort, wo der Regenbogen aufsteigt – und da, wo er wieder auf die Erde zurückkommt. Man muß lange gehen und suchen, ehe man sie findet. Vielleicht bis ans Ende der Welt? Vielleicht bis dorthin, wo die Sonne aufgeht? Wer weiß!
Für unsere Stille-Übung müssen wir nicht weit gehen, um sie zu finden. Wir bilden mit unseren Händen kleine Schüsselchen und stellen uns vor, daß sich zwischen ihnen ein Regenbogen spannt ... In dieser Haltung, entspannt und doch aufgerichtet, hören wir nun das Lied vom Regenbogen. Dabei stehen unsere Füße in gutem Kontakt zum Boden. Die Schultern sinken locker herab. Unser Atem fließt ruhig und gleichmäßig. Und wenn wir jetzt die Augen schließen, lassen wir Farbe um Farbe vor unseren „inneren Augen" aufleuchten. Sie erfüllen uns ganz.

- Nach der letzten Strophe des Liedes malt das Kind in seiner Phantasie den Regenbogen. Das Nachspiel auf der MC/CD gibt ihm die Möglichkeit, bei dieser Imagination noch ein wenig zu verweilen.

- Wenn Sie selbst das Lied singen, laden Sie nach der letzten Strophe das Kind noch einmal mit leisen Worten zum Weiterträumen und -malen ein. Währenddessen können Sie immer wieder die Melodie des Refrains summen.
- Ein Lied wie dieses kann aber auch ganz in der Stille enden. Die folgende Atem-Übung läßt es in uns aus- und nachklingen. Und es bleibt eine Spur zurück, der Regenbogen, der in allen Farben strahlt.

Mit dem Atem malen

Stell dir vor, du bist ein Regenbogenmaler. Mit deinem Atem, der weich ausströmt, malst du einen wunderschönen Regenbogen an den Himmel.

Eine Farbe nach der anderen beginnt zu leuchten ...

Nun schau dir noch einmal deinen Regenbogen an. Gefällt er dir? Verabschiede dich langsam von deinem Bild ...

Atme tief ein und kräftig aus. Dann öffnest du die Augen ... Du reckst und streckst dich – und kehrst erfrischt und wach in die Wirklichkeit zurück.

Die Regenbogenmaler

Das Erlebte malen

Ganz ohne Worte „bauen“ zwei Kinder gemeinsam eine Brücke aus Farben und Formen. Ihr „Himmel“ ist ein großes Stück Papier. Während leise Musik erklingt oder die Melodie des Liedes gesummt wird, wächst ein bunter Regenbogen von einem Kind zum anderen.
Wir warten geduldig, bis alle Kinder ihr Bild vollendet haben. Anschließend legen alle Regenbogenmaler ihre Bilder in Form einer großen Brücke auf den Boden. Nun wird erzählt, was die einzelnen Kinder miteinander erlebt haben.

Spür, was ein Rot mit dir macht!

Höhlen und Farbzelte bauen

Ganz eingehüllt in eine Farbe, so erleben sich Kinder in einem Farbenzelt. Dafür brauchen wir Tücher in allen Farben. Tischtücher, eingefärbte Bettlaken, Decken oder zusammengeknüpfte, einfarbige Tücher. Schön ist es auch, mit den Kindern zusammen große Tücher aus Waschseide mit Pflanzenfarben einzufärben.

Das kleinste Farbenzelt ist bereits entstanden, wenn sich das Kind auf den Boden hockt und ein farbiges Tuch über sich wirft. Andere Höhlen und Zelte lassen sich unter Stühlen und Tischen, aber auch im Garten zwischen Wäscheleinen und Büschen bauen.

Solche Stoffhöhlen und Farbhäuser wecken Gefühle von Geborgenheit. Dorthin kann man sich zurückziehen, wenn es „draußen" zu laut und zu hektisch wird. Und man ist allein mit sich – mit seinen Gedanken, Träumen, Ängsten und Wünschen.

Ein Farbenzelt, mit durchschimmerndem Licht, vermittelt zudem noch vielfältige Erfahrungen. Umgeben von einem sanften Rosa erlebt ein Kind ein anderes Grundgefühl als etwa in einem leuchtenden Orange. Es kann eine wunderbare Erfahrung sein, immer wieder von einer anderen „Haut" umgeben zu sein.

Welche Farbe macht uns munter und beschwingt? Welche geht uns auf die Nerven? Was beruhigt uns? Wo fühlen wir uns am wohlsten? Wo wird es uns warm? Was empfinden wir als kühl?
Farben sind Schwingungen, ebenso wie Töne. Besonders schön ist es im Farbenzelt, wenn wir leise, eingehüllt in die Lieblingsfarbe, singen und summen. Einfach das, was in den Sinn kommt – oder die Melodie des Regenbogenliedes, das wir gleich kennenlernen werden.

Klänge zum Lied

Wenn Regen und Sonne aufeinandertreffen, entsteht ein Regenbogen. Deshalb kann auch eine kleine Regenmusik unserem Regenbogenlied vorausgehen, z. B. mit den folgenden Instrumenten (s. auch Seite 126):

- Das Regenholz: Wie sanfter Regen klingen seine Töne. Ein Instrument mit uralter, ritueller Bedeutung. In seiner afrikanischen Heimat bedeutet Regen Leben. Um den Regen möglichst lange rieseln zu lassen, wird eine dicke Kaktusröhre langsam gedreht. Dabei rieseln kleine Steinchen über eine „Wendeltreppe" von eingeschlagenen Dornen im Innern nach unten. Ein Instrument nicht nur zum Hören, auch zum Fühlen. Entspannt horchen selbst unruhige Kinder, bis der letzte Regentropfen gefallen ist.

- Die Kalimba: Fließende Wasserklänge, die dem Regengeräusch etwas melodische Struktur geben, lassen sich auf diesem afrikanischen Instrument hervorlocken. Es besteht aus einem hölzernen Klangkörper mit Metallzungen. Diese werden mit den Daumen gezupft („Daumenklavier"). Da die Zungen pentatonisch angeordnet sind, klingt es immer „richtig".

- Zwischen den Regenklängen kann immer wieder ein „Sonnenton" auf der Triangel, Klangschale oder Zymbel gespielt werden.

- Auf diese Weise können Kinder miteinander eine einfache Musik gestalten, die so ruhig klingt, daß wir nicht nur beim Spielen, sondern auch beim Hören die Augen schließen. Um so wacher und intensiver reagieren wir aufeinander – und fühlen uns am Ende, als säßen wir unter einem Blätterdach im Regen.

Ausklang

Alle Kinder sitzen im Kreis. Unter einem großen Tuch liegen Früchte in allen möglichen Farben versteckt. Jedes Kind darf daruntergreifen, fühlen, raten ... und schließlich auswählen. Dann wird das duftende Rot, das samtige Orange, das pelzige Braun, das längliche Gelb und das kleine Violett einfach aufgegessen.
„Hol dir ein Gelb ...“ So klingt es noch einmal zum Schluß, bevor wir uns verabschieden.

Sieben kleine Siebenschläfer

Text und Melodie:
Dorothée Kreusch-Jacob

2. Sieben kleine Schiebenschläfer
huschen durch die Bäume,
sammeln Töne, Sonnenstrahlen,
Bilder für die Träume.

3. Sieben kleine Siebenschläfer
schlafen tief und fest,
eingerollt zum Siebenschlaf,
Fell an Fell im Nest.

Es gibt sie tatsächlich, die kleinen grauen Tierchen mit dem phantasievollen Namen. Sie schlafen am Tag und werden nachts wach. Also geradezu ideale Identifikationsfiguren für Kinder, die abends noch putzmunter sind und nicht schlafen können oder mögen. Deshalb eignet sich dieses Lied aber auch für Situationen tagsüber, in denen im Kindergarten, in der Schule oder zwischendurch bei den Hausaufgaben Stille und Entspannung einkehren soll.

Einladung

Wer sind eigentlich Siebenschläfer? Ganz im Gegensatz zu ihrem Namen sind sie flink und behend, wenn sie mal nicht schlafen. Sie können nicht nur Bäume, sondern auch Mauern senkrecht hochklettern. Und mit ihrem langen Schwanz schaffen sie weite Sprünge von Ast zu Ast, wie die Eichhörnchen.

Das folgende Tanzspiel folgt den Bedürfnissen der Kinder nach freier Bewegung. Zu Trommelmusik oder zur Begleitung von Rasseln sind ihrer Bewegungsphantasie keine Grenzen gesetzt.
Rennen, laufen, jagen, fangen, sich drehen und kreisen, weite Sprünge machen ... Sich vorstellen, daß alle Spannung durch die tanzenden Füße in den Boden fließt, daß wir sie wegschütteln, wie Regentropfen aus dem nassen Fell.

Siebenklang und Siebenschlaf

Zur Ruhe kommen

Sie schlafen, wenn es Tag ist, und nachts werden sie lebendig. Zu den Klängen einer Rassel huschen die Siebenschläfer durch den (etwas verdunkelten) Raum. Sobald es „hell“ wird und der helle Klang einer Triangel oder Klangschale erklingt, suchen sie sich ein ruhiges Plätzchen für den Siebenschlaf. Vielleicht einen großen Karton, einen Wäschekorb, ein Nest aus Kuschelkissen oder Decken.
Nun erklingen sieben Töne. So langsam, daß ihr Verklingen erlebt werden kann. So ruhig, daß die zwischen den Klängen entstehende Stille ganz bewußt wahrgenommen werden kann. Wir horchen in die Stille. Hören wir unseren Atem? Hören wir unseren Herzschlag? Wir legen noch eine Weile die Hand auf den Bauch, um unseren Atem dort zu spüren ...

Sieben kleine Siebenschläfer

Eine Geschichte zum Träumen

Draußen im Herbstwald steht ein kleines, verlassenes Häuschen. Es ist ringsum von uralten Bäumen umgeben. Zur Zeit wohnt keiner hier, nur im Sommer besuchen diesen Ort ab und zu Kinder mit ihren Eltern, um hier Ferien zu machen. Die verwitterten Fensterläden sind geschlossen, und Tag für Tag fallen mehr gelbe und rote Blätter auf das Dach.
In einem der hohen, alten Bäume wohnt eine Siebenschläferfamilie. Sieben kleine Graufellchen, nicht größer als deine Hand! Mit großen, schwarzen Augen und einem buschigen Schwanz. Man sieht sie nie, denn sie schlafen am Tag und werden erst munter, wenn es dunkel wird.
Eines Tages fegt ein wilder Herbststurm durch den Wald. Die Luft riecht nach Schnee, und dunkle Wolken treiben am Himmel. Der Wind zerrt an den gelben, roten und orangefarbenen Gewändern der Bäume und läßt die Blätter waagerecht durch die Luft wirbeln. Der alte Baum, in dem die Siebenschläfer wohnen, knarrt und ächzt. Kaum kann er dem Wind standhalten. Da – auf einmal passiert es doch! Ein heftiger Windstoß bricht einen dicken Ast ab. Es ist der Ast mit dem Nest der Siebenschläfer. Nun liegt er am Boden. Gottseidank ist den sieben Graufellchen nichts passiert. Nur aufgewacht sind sie. Aufgeregt huschen sie hin und her. Das helle Tageslicht sind sie nicht gewöhnt. Sie suchen so schnell wie möglich ein dunkles, ruhiges Plätzchen, wo sie weiterschlafen können.
Das erste klettert unter das Dach des kleinen Häuschens und verschwindet in einer Ritze. Das zweite verkriecht sich in einem verlassenen Starenkasten. Das dritte findet ein Spechtloch. Das vierte ein leeres Vogelnest. Das fünfte schlüpft hinter einen Fensterladen. Das sechste landet mit einem weiten Sprung in einem Blätterhaufen. Nur das siebte, das Kleinste, weiß noch nicht, wo es weiterschlafen könnte. Da entdeckt es den alten Briefkasten vor der Haustür. Es zwängt sich durch den Schlitz und kuschelt sich in ein paar alte Zeitungen. Sein Herz klopft, es ist ganz außer Atem. Vom Suchen und Klettern ist ihm warm geworden. Seine Glieder sind warm und schwer. Ganz entspannt liegt es da. Hier fühlt es sich wohl und sicher ... Dem kleinen Graufellchen fallen die Augen zu. Es will nur schlafen, schlafen, schlafen ... Und es träumt einen wunderschönen Traum. Von einem großen Nest. Ein Nest, in dem alle sieben, die ganze Familie Siebenschläfer Platz hat.

Auf einem hohen, sicheren Baum. Und dieses Nest wird warm und kuschelig sein. Sie werden dort schlafen, einen ganzen Winter lang, bis sie die Frühjahrssonne weckt ...

- Hier kann nun die Geschichte in das Lied von den „Sieben kleinen Siebenschläfern" übergehen. Lassen Sie auch nach dem Ende des Liedes den Kindern noch genügend Zeit zum Nachträumen. Und wenn sie nicht wieder aufgewacht sind, schlafen sie noch heute ...

Uhu! Ruft die Eule

Wieder wach werden

Um die Kinder aus der Entspannung zurückzuholen, kann die Geschichte noch ein wenig weitergehen:

... Wer weiß, wie lange die Siebenschläfer geschlafen haben. Jedenfalls den ganzen, langen Tag, bis in den Abend hinein. „Nanu, wo sind denn meine kleinen Freunde?" wundert sich die Eule. „Ob ich die mal wecke?"
Sie fliegt zum Siebenschläfernest und ruft leise: „Uhu", und noch einmal vorsichtig: „Uhuuu". Da endlich werden die Siebenschläfer wach.

- *Erst die Ohren ... Was hören sie?*
- *Dann die Nasen ... Was riechen sie?*
- *Die Augen ... Sie blinzeln ein wenig, bevor sie sich ganz öffnen.*
- *Der Hals ... Sie dehnen ihn und bewegen den Kopf vorsichtig hin und her.*
- *Sie recken und strecken Vorderpfoten und Hinterbeine, eines nach dem anderen.*
- *Und schließlich der Rücken. Steil wie ein Katzenbuckel dehnt er sich und entspannt sich wieder.*

Nun sind alle Siebenschläfer wach und munter!

Traum-Bild

Während das Lied noch einmal „nachklingt" und die Melodie gesummt wird, malen die Kinder ihren Siebenschläfertraum. Anschließend nehmen wir uns Zeit zum Sprechen und Erzählen.

Klänge zum Lied

Töne sammeln! Im Klangwald gibt es viel zu hören. Jeder Baum hat seinen Ton. Ein Teil der Kinder stellt die Bäume im Klangwald dar. Mit einem an einem Faden aufgehängten Teelöffel, Glockenspielplättchen, Glöckchen oder mit einer Klangschale stehen sie im Raum verteilt (siehe Foto auf Seite 63). Die Augen sind geschlossen. Alle Siebenschläfer gehen nun leise durch den Klangwald. Wo sie einem Baum begegnen, zaubern sie mit einem Metallstäbchen (großer Nagel, Löffel ...) einen zarten Klang. Ehe sie weitergehen, warten sie jedoch vor „ihrem" Baum, bis der Ton ganz verklungen ist.
Nachher werden die Rollen vertauscht.

- Ganz besonders geheimnisvoll ist dieses Spiel im verdunkelten Raum. Die Kinder, die die Bäume spielen, halten dann außer den Instrumenten noch andere Dinge in den Händen: z.B. Teelichter als „Sonnenstrahlen" oder Düfte (Blume oder Wattebausch mit 1 Tropfen ätherischem Pflanzenöl). Zum Horchen, Schauen – und Schnuppern.

Siebensachen packen

Gemeinsam ein Nest bauen

Vögel bauen andere Nester als Siebenschläfer. Ein Vogelnest, das wir im Garten am Boden gefunden haben, geht von Hand zu Hand. Wie weich es gepolstert ist! Während das Lied gesungen wird, bauen sich die Kinder zusammen ein großes Nest aus Decken, Kissen und Tüchern. In der Mitte haben auch die Dinge ihren Platz, die jeder „Siebenschläfer" für seinen Winterschlaf braucht: Kuscheltiere, Bilderbücher ...

Nest im Wind

Schaukeln und wiegen

„Fell an Fell“ hocken die Siebenschläfer im Nest. Die Arme sind um die Schultern des Nachbarn geschlungen. Wir stellen uns vor, daß ein leichter Wind den Baum mit dem Nest bewegt. Sanft wiegen und schaukeln wir hin und her. Dazu erklingt leises Summen oder Stimmgeräusche, die den Wind nachmachen (schschsch ... ffff ...). Ist der Wind zu stark geworden, purzeln alle Siebenschläfer aus dem Nest und rennen davon. Siebenschläfervater und -mutter haben alle Hände voll zu tun, um sie wieder einzufangen und ins Nest zurückzubringen. Dort wird geschlafen, bis der Wind wieder zu blasen beginnt.

Ausklang

Gemeinsam gestalten die Kinder ein Nest aus all dem, was im Lied vorkommt. In einem Korb liegen Blätter, Gräser, Wolle, Federn ... Rundherum bunte Traumbilder der einzelnen Kinder, aber auch ein paar „Sonnenstrahlen“ (Teelichter). Als Einstimmung zum Nestgeflüster erklingen leise die Töne, die die Siebenschläfer im Klangwald gesammelt haben. Jetzt können sich die Kinder erzählen oder flüstern, was sie beim Singen, Spielen, Horchen und Stillwerden erlebt haben. Zum Abschluß singen wir noch einmal unser Lied, begleitet von allen Klängen aus dem Klangwald.

Im Märchengarten

Text und Melodie:
Dorothée Kreusch-Jacob

2. Mach auf das Tor und suche still
dir einen leisen Ort.
Leg dich ins Gras, laß Sorgen los,
Gedanken ziehen fort.

3. Du bist allein, es ist so still,
der Wind summt in den Bäumen.
Am Himmel hoch ein Vogel kreist,
hier hast du Zeit zum Träumen!

4. Jetzt gehst du übers weiche
Moos,
du wirst den Brunnen finden.
Er plätschert leis, ist klar und kühl,
steht bei den hohen Linden.

5. Du siehst die Tiere, Schaf und Hund
und Vögel, Löwen, Drachen.
Sie tun dir nichts, versteh'n sich gut,
sie schau'n dich an und lachen.

6. Ein Schmetterling, er tanzt vorbei
und will zum Regenbogen.
Schau, seine Flügel sind aus Glas,
schon ist er fortgeflogen!

7. Du kommst zu einem
Märchenschloß,
dort wachsen dir entgegen
Dornröschens Rosen, weiß und rot.
Es fällt ein gold'ner Regen.

8. Geh weiter bis zum weißen Stein
dort hocken sieben Raben.
Sie warten auf ihr Schwesterlein,
das sie verloren haben.

9. Die Zeit bleibt stehn.
Die Grille geigt in deinem Märchengarten.
Der Däumling schläft,
Schneewittchen träumt
und sieben Zwerge warten.

10. Mach auf das Tor und geh hinaus,
die Sonne scheint und lacht.
Du gehst in deine Welt zurück
hast du was mitgebracht?

„Mach auf das Tor ...“ Dieses Lied lädt dazu ein, sich mit Hilfe der Phantasie in einen Märchengarten zu begeben. Ein Ort der Stille. Ein Ort der Bilder. Ein Ort außerhalb von Alltag und Realität. Und doch vertraut – denn es tauchen Bilder auf, die das Kind bereits von seinen Märchen her kennt. Wie auf einem Bilderbogen kann es sie in Ruhe anschauen. Ähnlich einem Kaleidoskop ordnen sie sich immer wieder anders. Geschichten, die stillstehen, ohne Anfang, ohne Ende. Gerade dadurch aber können sie etwas in Gang setzen, können Impulse für die Phantasie sein, den Faden weiterzuspinnen. Jedes Bild meint nur das „Jetzt“, den Augenblick.

Einladung

Der Klangzauberer (Erwachsener) bewegt seine geschlossenen Hände geheimnisvoll hin und her. Was ist darin? Keiner sieht es, jeder hört es. Zarte, silberne Klänge! Leise geht der Klangzauberer von einem Kind zum anderen. Er hält ihm seine Hände ans Ohr und lädt es auf diese Weise ein, in den Kreis zu kommen. Sobald alle Kinder im Kreis sitzen, öffnet er langsam seine Hände. Es liegt eine glänzende Kugel darin. Ein Schatz! Froschkönigs Ball? Ja, die Kugel hat mit Märchen zu tun und wird uns mit ihren Klängen in einen Garten der Märchen und Bilder begleiten.

- Die Märchenkugel kann ein rundes Glöckchen sein (je größer, desto besser). Noch schöner klingt eine Musikkugel (Qi Gong-Kugel). Sie kommt ursprünglich aus China und wird bis heute auch heilend eingesetzt. Ihr klingendes Geheimnis sind eingebaute Klangzungen oder kleine Klangkugeln, die bei der kleinsten Bewegung Töne hervorbringen (siehe Seite 126).

Klang-Kreis

Vom Klang in die Stille

Der Klangzauberer rollt einem Kind die Märchenkugel zu. Dieses rollt sie zum nächsten, ohne sie festzuhalten. So entsteht eine ununterbrochene, zarte Musik, die einstimmt auf das, was die Kinder nachher erleben. Eine Meditationsmusik zum Hören und Schauen.

- Damit die Klänge der Musikkugel nicht durch Rollgeräusche übertönt werden, eignet sich am besten ein Teppich als Unterlage.

Unsere geheimnisvolle Kugel kann jedoch nicht nur Klänge zaubern, sie macht auch die Stille hörbar. Denn der Märchengarten, den wir in unserer Phantasie besuchen werden, ist ein stiller Garten.
Der Klangzauberer legt zum Zeichen der Stille den Finger auf den Mund und gibt die Kugel vorsichtig einem Kind in die Hand. Nun wandert sie langsam, ohne daß der leiseste Ton hörbar wird, um den Kreis. In Ruhe fühlt jedes Kind, wie rund und glatt sich die Oberfläche anfühlt. Es beobachtet, was sich alles in ihr spiegelt. Das Kind entdeckt, daß „es" weiterklingt, obwohl die Kugel schweigt. Wir haben den Klang noch „im Ohr".
Am Ende der Reise von Hand zu Hand legt der Klangzauberer die Märchenkugel in die Mitte des Kreises. Dort ist sie unser Mittelpunkt, auf dem unsere Blicke noch einige Augenblicke lang still ruhen.

Das blaue Tor

Eine Phantasiegeschichte

Nimm dir Zeit und suche dir einen Platz, wo du dich ganz wohlfühlst. Mach es dir dort bequem. Spürst du, wo dein Körper den Boden (die Decke, den Stuhl etc.) berührt? Laß alle Anspannung los ... Du atmest ruhig. Du schaust deinem Atem eine Zeitlang zu, bevor deine Phantasie auf Reisen geht ...
Stell dir vor, es klingelt. Du gehst an die Tür und machst auf. Zu deinem großen Erstaunen steht eine Gestalt vor dir. Nein, kein Freund von nebenan. Es ist eine Gestalt aus deinem Märchenbuch, die du ganz besonders gerne magst. Schau sie dir an. Erkennst du, aus welchem Märchen sie stammt?
Dein Märchenfreund nimmt dich bei der Hand. Ihr geht zusammen die Treppe hinunter und aus dem Haus. Nach dem Dunkel im Hausflur müssen sich deine Augen erst an das Licht gewöhnen. Die Sonne scheint hell, es ist

ein warmer Sommertag. Ihr geht beide die Straße hinunter, dann biegt ihr um die Ecke. Diese Gegend ist dir unbekannt. Graue Hochhäuser aus Beton. Dann eine Treppe, die in eine Unterführung hinunterführt. Ihr hört eure Schritte hallen. Ihr spielt ein wenig mit dem Echo eurer Stimmen ...
Nach dem Tunnel geht es wieder hinauf, und ihr biegt in einen schmalen Weg ein. Er führt an einer Mauer entlang. Sie ist alt und hoch. An einigen Stellen bröckeln schon die Steine. Du schaust durch ein kleines Loch und siehst dichtes Grün, sonst nichts. Ein Garten? – Eigentlich bist du müde, und dir ist warm vom Laufen. Dein Freund scheint deine Gedanken lesen zu können: „Nur noch bis zum blauen Tor", sagt er und lächelt. Aber nirgends ist ein Tor zu sehen. Noch einmal um die Ecke ... tatsächlich, da ist es! Das kleine, blaue Tor ist überwachsen mit Efeu. Ob es wohl offen ist? Ja, mit ein wenig Druck läßt es sich aufmachen. Es knarrt ein wenig in den Angeln, hörst du es?
Ihr zwängt euch durch einen schmalen Spalt. Dein Märchenfreund geht voraus. Und da siehst du, was das blaue Tor und die hohe Mauer verbergen – einen alten Garten. „Es ist ein Märchengarten", sagt dein Märchenfreund. „Komm, schau dich um, es gibt vieles zu sehen, zu horchen, zu riechen ... Er ist voller Geheimnisse und Bilder."
Willst du ein wenig weiterträumen?

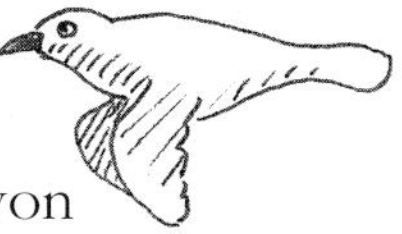

- An dieser Stelle kann nun das Lied beginnen. Es führt von Strophe zu Strophe durch den Märchengarten. Falls es nicht von der MC/CD angehört wird, sollten Sie es leise und in erzählendem Ton singen, fast sprechen. Geben Sie ihm die nötige Länge, indem Sie die Pausen zwischen den einzelnen Strophen durch Summen oder sich immer wiederholende, sparsame Klänge ausfüllen (Klangschale, Gong, gezupfter Grundton, Musikkugel ...). So kann sich das Kind in den Inhalt versenken.

Hast du was mitgebracht?

Wieder zurückkommen

Hast du was mitgebracht, was dich an den Märchengarten erinnert? Dann bewahre es in deiner Erinnerung gut auf. Das blaue Tor hat sich wieder hinter dir geschlossen. Du gehst mit deinem Freund den Weg zurück bis zu deinem Haus. Dort verabschiedest du dich von ihm. Dann atmest du tief durch. Du öffnest die Augen, reckst und streckst dich – und kehrst wieder in diesen Raum zurück.

Bildergarten

Malen, sich bewegen

Möglichst ohne zu sprechen malen die Kinder nun das, was sie aus dem Märchengarten mitgebracht haben. Eine Blume, einen Schmetterling mit gläsernen Flügeln, eine Märchengestalt ...
Dann werden diese Bilder auf dem Boden so ausgelegt, daß man sich dazwischen bewegen kann. Während nun die Melodie des Liedes noch einmal erklingt, gehen alle leise von Bild zu Bild spazieren.
Anschließend haben die Kinder Gelegenheit zum Erzählen.

Tiere im Märchengarten

Ein Klang- und Bewegungsspiel

Erlebnisse wollen „bewegt" werden! Der Klangzauberer verwandelt alle Kinder im Märchengarten in Tiere. Er braucht dazu keinen Zauberstab, sondern zwei Instrumente. Eines mit leisen und zarten Tönen (z.B. die Musikkugel, ein Glöckchen). Ein anderes mit kräftigen, tieferen Klängen, (z.B. eine Trommel). Sobald das leise Instrument erklingt, verwandeln sich die Kinder in Tiere, die diesem Klangcharakter entsprechen (Vögel, Schmetterlinge u.ä.). Sie flattern und schweben so lange um den Zauberer herum, bis dieser das Instrument wechselt. Nun ist es mit der Ruhe im Märchengarten vorbei: Elefanten, Löwen und Drachen trampeln, stampfen und schauen wild drein. Im Wechsel spielen, so daß die Kinder diese Gegensätze intensiv ausleben können.

Irr-Garten

Ein Tastspiel

In vielen alten Schloßgärten findet man Labyrinthe. Das waren Irrgärten, deren (Irr-)Wege mit hohen Hecken umsäumt waren. Der Ausgang war nicht leicht zu finden. So einen Irrgarten „bauen" wir mit Seilen, die von Kind zu Kind laufen. Einem Kind in der Mitte werden nun die Augen verbunden. So tastet es sich langsam vorwärts. Damit alle Aufmerksamkeit auf das Tasten und Suchen gelenkt ist und die Ruhe nicht durch Zurufe oder Sprechen gestört wird, summen wir leise unser Lied. Wenn das Kind das „Blaue Tor" gefunden hat, kommt das nächste an die Reihe.

Sandgärtchen

Gemeinsam gestalten

Für eine Gruppe von Kindern benötigen wir eine flache Wanne (bzw. eine große Schüssel oder eine flache Kiste) mit feinem Sand (siehe Foto auf Seite 71). Ein einzelnes Kind kann sich den Deckel einer Schuhschachtel damit füllen.
Mit den Fingerspitzen oder einer Gabel als „Rechen“ wird eine kleine Landschaft gestaltet. Hier können die Kinder ihrer Phantasie freien Lauf lassen, können gestalten und Spuren wieder verwischen, verändern und Neues formen. Ganz allmählich entsteht ein Märchengarten. Wer mag, holt sich noch ein paar schöne Kiesel, Gräser oder trockene Blütendolden, die bereitliegen. Mit kleinen Figuren aus der Spielzeugkiste entstehen sogar ein paar Märchenschauplätze. Dazu wird leise Musik gehört oder das Lied gesungen.

Ausklang

Wir sitzen um unser Sandgärtchen. Der Raum ist etwas verdunkelt, ein Teelicht leuchtet im Sand. Noch einmal lassen wir die goldene Zauberkugel im Kreis rollen und horchen auf ihre zarten Klänge. Dann nehmen wir uns Zeit zum Erzählen. Vielleicht ist auch ein Märchen aufgetaucht, das erzählt werden will?
Zum Schluß legen wir die Klangkugel in die Mitte des Gartens. Jedes Kind bekommt noch einen kleinen „Schatz“ geschenkt. Eine mit Goldpapier beklebte Streichholzschachtel. Was ist drin? Ein schwarzweißgestreifter Sonnenblumenkern, ein Andenken aus dem Märchengarten. Zum Einpflanzen!

Ich bin die klare Quelle

Text und Melodie:
Dorothée Kreusch-Jacob

2. Ich bin der kleine Bach
komm, fließe fort mit mir.
Wir schlängeln uns durch Wiesen,
du bist ein Teil von mir.
Refr.:
Komm, kleiner Wassertropfen …

3. Ich bin der blaue Fluß,
komm, fließe fort mit mir.
Durch Brücken, Täler, Städte,
du bist ein Teil von mir.
Refr.:
Komm, kleiner Wassertropfen …

4. Ich bin das große Wasser
und warte auf den Fluß.
Er fließt und wächst und fließt,
weil er heimkommen muß.

Refr.:
Komm, sei die große Welle
und spiele mit dem Meer.
Wir wachsen und wir fließen,
ich mag dich sehr!

Wasser ist Leben. Weich und fließend, nachgiebig, beweglich – und doch stark. Wir kennen das Gefühl nach einem erfrischenden Bad im See, wir kennen die beruhigende Wirkung eines warmen Bades. Wasser weckt in Kindern und Erwachsenen elementare Gefühle. Da kommt etwas in Fluß, wir lassen uns durchströmen, spüren die reinigende Kraft des Wassers ... Ein Weg, der zurück zur Quelle unseres Lebens führt.
Die schönsten Orte, zu sich selbst zu finden, liegen am Wasser. Eine Quelle, ein Bergbach, ein stiller See, ein rauschender Wasserfall, ein Waldteich, ein breiter Fluß, das Meer. Für Kinder ist jedoch oft schon eine Regenpfütze ein Ort zum Innehalten und Verweilen. Beobachten, wie die Tropfen springen, ein Blätterschiffchen treiben lassen, Sonne und Wolken im Spiegelbild entdecken, mit Lust hineinspringen ...

Einladung

Eine große, leere Schüssel steht da. Um sie herum sind allerlei Gefäße: Tassen, Becher, kleine Schüsseln, Löffel, auch ein Handtuch sollten Sie nicht vergessen.

Nun wird Wasser in die Schüssel gegossen. Die Kinder hören zu und sind dann damit beschäftigt, ihre Gefäße zu füllen. Sie schütten das Wasser von einem ins andere, lassen es rieseln, tröpfeln, plätschern. Ein Spiel, in das sich Kinder lange versenken können. Sie sind ganz Auge, ganz Ohr, ganz Hand, ganz Haut ...

Was spüren wir, wenn wir die Hände in das große Wasser tauchen? Wie fühlt es sich an, wenn wir es über die Finger rinnen lassen? Wir sehen die Tropfen, die an unseren Fingerspitzen hängen. Wenn wir sie gegen das Licht halten, erkennen wir erst, wie schön sie sind. Glitzernde Zauberkugeln! Jeder Tropfen, der sich vom Finger löst, braucht seine Zeit. Aber das Warten wird reich belohnt. Er zaubert kleine Wellen auf die Wasseroberfläche. Es dauert ein Weilchen, dann ist das Wasser wieder ganz ruhig und glatt. So glatt wie die Oberfläche eines Spiegels. Erkennen wir uns darin?

Blipp – Das Tropfenkind

Eine Phantasiegeschichte

Du hast es dir ganz bequem gemacht. Deine Augen sind geschlossen. Dein Körper ist schwer. Alle deine Glieder sind schwer. Ganz ruhig geht dein Atem. Du bist entspannt. Stell dir vor, in deinem Bauch ist eine Quelle. Atme dorthin. Es ist die Quelle der Ruhe. Laß deinen Körper ruhig einschlafen. Deine Phantasie ist dafür um so wacher, so wach, daß du alles genau miterlebst, was ich dir erzähle.

Hoch oben am Himmel ziehen die Wolken. Auf ihnen hocken dicht an dicht die Tropfenkinder. Sie reisen für ihr Leben gern. Aber noch mehr freuen sie

sich, wenn sie wieder einmal auf die Erde herunterfallen, als Regen. Nach der langen Reise über Länder und Meere, über Berge und Täler sind sie neugierig geworden, was sie da unten alles erwartet.
Blipp ist eines von vielen tausend Tropfenkindern auf einer großen, grauen Wolke, die der Wind vor sich herbläst. Blipp ist schon weit gereist. Da passiert es eines Tages, daß ein Berg seine Nase zu hoch in den Wolkenhimmel streckt. Die graue Wolke bleibt hängen – und noch ehe sie der Wind wieder flott machen kann, passiert es. Alle Tropfenkinder purzeln durcheinander, sie rutschen und fallen vom Himmel. Es regnet auf der Erde. Auch Blipp purzelt den anderen Tropfenkindern nach und landet geradewegs auf einer Bergwiese. An einer blauen Glockenblume, die dicht an einer Quelle steht, bleibt er hängen. Er schaukelt ein Weilchen hin und her und glitzert vor Übermut in allen Regenbogenfarben. Da hört er es leise unter den Steinen hervorglucksen:
„Komm mit! Ich nehme dich mit auf eine große, weite Reise."
Es ist die klare Quelle, die zwischen den Steinen sprudelt. Blipp läßt sich das nicht zweimal sagen. Er will vieles sehen und erleben. Er freut sich auf die Reise. Und so schaukelt er noch ein wenig mehr, bis er den Absprung von den zarten Blütenblättern der Glockenblume schafft. Blupp – ist er im Wasser. Sofort wird er zusammen mit vielen anderen Tropfenkindern von der Strömung erfaßt und mitgenommen. „Nur nicht abtauchen", denkt er und versucht nach oben zu schwimmen. „Ich will etwas sehen auf meiner Reise!" Schon ist er fort.

Weiter und weiter treibt es ihn talabwärts, zum Bach, zum Fluß, zum Meer … Er läßt sich vom Wasser tragen und ist glücklich wie nie zuvor.
Willst du das Tropfenkind auf seiner großen Reise zum Meer begleiten?
Dann träume noch ein wenig weiter!

- Nun kann das Lied erklingen und das Kind auf seiner Phantasiereise begleiten und führen.
  Nachdem es zu Ende ist, vergessen Sie nicht, das Kind wieder „zurückzuholen". Es atmet dabei noch einmal tief ein und aus. Es reckt und streckt sich, schüttelt Arme und Hände, Beine und Füße aus – und kehrt entspannt und erfrischt wieder in die Wirklichkeit zurück.
- Nachher nehmen wir uns Zeit, damit jedes Kind malen oder erzählen kann, was es alles erlebt und gesehen hat.

Komm, fließe fort mit mir!

Ein meditativer Tanz

Die Erlebnisse, die das Lied wachgerufen hat, wollen vertieft und bewegt werden. Deshalb tanzen wir die Reise des Wassertropfens noch einmal miteinander. Das ist sowohl im Raum als auch draußen in der Natur möglich.

Jedes Kind bekommt Kreppapierstreifen in den verschiedensten Farben des Wassers. Diese Bänder schwingt es in fließenden Bewegungen hin und her. Damit sie beim Tanzen mal rechts, mal links flattern können, dürfen sie nicht zu lang sein.
Zunächst beginnt der Tanz im Kreis. Wir stehen hintereinander, die linke Schulter zeigt zur Mitte. Im gleichen Rhythmus tanzen nun Füße und Hände, mal nach rechts, mal nach links. Nach dem Vorspiel (entweder von der MC/CD oder mit der Stimme durch Summen gestaltet) beginnt der Text des Liedes.
Nun übernimmt ein Kind die Führung der Wassertropfen. Der Kreis öffnet sich und in den verschiedensten Formen schlängelt sich der kleine Bach dahin. Wir wiegen, schaukeln, schwingen in ruhigen Bewegungen, bis wir im „Meer" angekommen sind.
Hier finden sich alle wieder im Kreis zusammen. Bis der letzte Ton des Wasserliedes verklungen ist, lassen die Kinder ihre Wellenbänder im Inneren des Kreises tanzen.

- Nachspiel: Gemeinsam bewegen sich alle Kinder als Wellen zur Kreismitte und wieder zurück. Dazu hört man die Wellen rauschen (Stimme).

Wasserbild

Eine gemeinsam gestaltete Collage

Wasser hat viele Farben. Der grüne Bergsee, der blaue Fluß, der braunschimmernde Teich im Moor, das Türkis des Meeres ... Aus den vielen verschiedenfarbigen Kreppapierstreifen des Wassertanzes wird nun ein wellenbewegtes Wasserbild gestaltet. Später kann es festgeklebt werden, damit es uns noch länger an unsere Wasserreise erinnert.

Klänge zum Lied

Wasser hat viele Farben, das können die Kinder bereits bei ihrem Wasserbild erfahren. Und es hat unendlich viele Klänge und Klangfarben. Ein paar davon können den Hintergrund zu unserem Lied bilden, immer wieder zwischen den Strophen auftauchen und dann am Schluß in eine lange Meditationsmusik einfachster und eindringlichster Art auslaufen.

Allein mit der Stimme können wir vieles zaubern. Vom einzelnen Wassertropfen bis zum Regen, ja bis zum stürmischen Meer. Steine, die wir aneinanderschlagen oder in den geschlossenen Händen schütteln, erinnern uns an das Gluckern eines Bergbachs. Unsere Hände streichen zart über ein Glockenspiel – und schon sind wir in unserer Phantasie an einem stillen See.

Auch mit Wasser selbst können wir auf einfachste Art eine Phantasiereise begleiten. Wir nehmen eine Schüssel und plätschern darin. Ein Klang, der Bilder und Erinnerungen weckt, eine „Musik“, die in die Stille führt.

Ur-Rhythmus auf der Wassertrommel

Eine große Schüssel mit Wasser steht in unserer Mitte. Mit einer zweiten, kleineren Schüssel (aus Holz oder Plastik) läßt es sich sogar im Wasser trommeln. Dazu stülpen wir die kleinere Schüssel um und setzen sie auf die Wasseroberfläche. Nun kann getrommelt werden. Es sind warme, tiefe Töne, die „durch und durch" gehen. Bei jedem Ton entstehen kleine Wellen, die sich in Kreisen im Wasser fortsetzen.

- Da sich durch das Bewegen der Schüssel der Resonanzraum ständig verändert, entstehen immer wieder neue Töne. Unsere Wassertrommel „spricht"!
- Ganz besonders schön klingt die afrikanische Wassertrommel (s. Seite 126). Sie ist auch vom Material her gesehen ein Erlebnis für die Hände. Zwei verschieden große Kürbisschalen (Kalebassen) erinnern an ihren Ursprung: Sie dienten als Schüsseln, und afrikanische Frauen spielten auf ihnen. Intuitiv teilt sich bei diesen „bauchigen" Klängen der rituelle und mythologische Ursprung der Trommel mit, wie er in vielen Volksmärchen beschrieben wird. Eine tönende Erinnerung an unseren Ursprung! Archaisches Symbol für unser Leben „im Wasser" vor der Geburt: Mutterleib, Fruchtwasser, mütterlicher Herzschlag ... Im Spiel mit der Wassertrommel teilt sich dieses unbewußt mit.

Ausklang

Der Raum ist etwas abgedunkelt. Noch einmal sitzen alle rund um das Wasser. Für jedes Kind liegt ein kleines Stück Holz und ein Teelicht bereit. Eines nach dem anderen setzt mit einem Wunsch, den es ausspricht (oder denkt), sein Lichtboot aufs Wasser. Wir summen noch einmal leise die Melodie unseres Liedes und lassen die Stille-Übung ausklingen. Zum Schluß geben wir das Wasser in der Schüssel an die Erde zurück. Jedes Kind schöpft mit seinem Gefäß und gießt damit die Pflanzen im Zimmer oder im Garten.

Wünsch dir einen Zauberteppich

Text und Melodie:
Dorothée Kreusch-Jacob

2. Leg dich auf den Zauberteppich
schwebe hoch, schwebe hoch.
Schwebe über Berg' und Höhn,
du kannst die Welt von oben sehn.
Schwebe hoch …

3. Laß dich treiben mit den Wolken,
fliege weit, fliege weit!
Fliege bis nach Afrika,
hör die Trommeln – wir sind da!
Fliege weit …

4. Zauberteppich lande sacht,
lande sacht, lande sacht,
Rote Berge, weites Land,
dunkle Menschen dort am Strand.
Lande sacht …

5. Zauberteppich liegt im Sand,
liegt im Sand, liegt im Sand.
Kinder kommen angerannt,
nehmen lachend deine Hand.
Deine Hand …

6. Was sie fragen, klingt dir fremd,
spielst du mit, spielst du mit?
Trommeln, tanzen, klatschen,
springen,
versuch es mal, es wird gelingen.
Spielst du mit ...?

7. Du bist selber eine Trommel,
trommle mit, trommle mit!
Trommle mal auf Bauch und Po,
Kopf und Beine klingen so.
Trommle mit ...

8. Laß mal alle Glieder tanzen,
tanze mit, tanze mit!
Arme, Beine, Kopf
und Bauch,
Händ und Füße hüpfen auch.
Tanze mit ...

9. Bist du müde, kehr zurück,
kehr zurück, kehr zurück!
Deine Reise ist nun aus,
Zauberteppich fliegt nach Haus.
Fliegt nach Haus ...

Ein Zauberteppich – wer mit ihm davonfliegen könnte! Von oben gesehen wird alles plötzlich viel kleiner, auch die Dinge, vor denen sich ein Kind ängstigt. So ein Flug mit der Phantasie kann jedoch nicht nur Abstand schaffen, sondern auch Annäherung. Wieso nicht mal den Kindergarten oder die Schule vom sicheren Zauberteppich aus „anfliegen"? Mit Abstand gesehen sieht das Ganze vielleicht doch gar nicht mehr so groß und bedrohlich aus!

Einladung

Die Klänge einer Trommel „rufen" in die Stille. Sie beginnen laut und werden immer leiser. Wenn alle Kinder aufmerksam und leise geworden sind, rufen sie den Namen eines anwesenden Kindes und trommeln seinen Rhythmus. Das betreffende Kind setzt sich in den Kreis, nimmt die Trommel und ruft ein anderes Kind beim Namen. Solange, bis sich der Kreis geschlossen hat.
Trommeln ... ihre Heimat ist Afrika. Unser Lied wird uns auf eine weite Reise mitnehmen.

Du bist selber eine Trommel!

Dem Körper näherkommen

Trommeln müssen wir nicht unbedingt in der Hand halten. Auch wir selbst klingen. Auf unserem Körper können wir spielen wie auf einer Trommel. Zuerst der Kopf: Wir lassen die Handflächen, die Knöchel und die Fingerspitzen auf ihm tanzen. Dann die Stirn und die Backen – aufgeblasen klingen sie noch besser! Wir horchen auf all die verschiedenen Klänge. Und wir lassen uns Zeit, sie zu entdecken. Jetzt klopfen und trommeln wir auf Schultern und Arme. Hinauf und hinunter bis zu den Händen. Das lockert und tut gut. Auch der Brustkorb klingt. Wir trommeln und spielen „Gorilla", schreien dabei laut „Uaaaaa!" (ein paarmal)!
Dann der Po und der Bauch. Der ist meist so fest wie ein überspanntes Trommelfell. Also nur ganz leicht trommeln. Das lockert und entspannt. Und schließlich noch die Beine. Hinab bis zu den Füßen und wieder hinauf. Ach ja, eigentlich tanzen wir ja schon! Ob da nicht noch eine Musik dazu paßt?

- Wir können afrikanische Trommelmusik hören oder auch eine Strophe aus unserem Lied singen. Im Wechselgesang singt einer Zeile für Zeile vor, die anderen singen nach. So lange und so oft, wie es uns gefällt.

  Du bist selber eine Trommel
  trommle mit, trommle mit,
  trommle mal auf Bauch und Po
  Kopf und Beine klingen so ...
  trommle mit, trommle mit!

Schütteltanz

Alles loslassen

Wir haben uns lockergetrommelt. Nun wollen wir uns warmtanzen. Zunächst beginnen die Knie locker zu wippen. Immer mehr kommt unser Körper in Bewegung, bis schließlich alles an uns wippt, hüpft, wackelt und schlenkert. Mit heftigem Klatschen versuchen wir noch ein paar Fliegen zu fangen und stampfen auf den Boden. Da kann sich nichts mehr in uns halten, was drückt. Wir schütteln es ab und lassen es los. Alle Zentnersteine auf der Seele, allen Ärger auf dem Buckel, alle Wut im Bauch. Dazu singen wir unser Lied (im Wechselgesang):

Laß mal alle Glieder tanzen
tanze mit, tanze mit!
Arme, Beine, Ohren, Bauch,
Händ und Füße hüpfen auch ...
tanze mit, tanze mit ...

Unterm Schattenbaum

Entspannen und ausruhen

Wir lassen uns fallen. Einfach dort, wo wir gerade getanzt haben. Auf eine Decke oder einen Stuhl. Und wir stellen uns vor, daß wir unter einem großen, schattigen Baum liegen ...
Wir sind erhitzt und atemlos. In unseren Ohren klingt noch das Tanzlied nach. Unser Körper vibriert vom Trommeln und Tanzen.
Nun horchen wir nach innen. Und wir hören unseren Atem. Wir spüren, wie er sich langsam beruhigt. Auch die Pausen nach dem Ausatmen nehmen wir wahr.

Dann schenken wir unsere Aufmerksamkeit unserem Puls, dem Pochen des Blutes in den Adern. Wenn wir die Hand auf das Handgelenk oder seitlich an den Hals legen, spüren wir unseren Puls. Unseren eigenen Trommelrhythmus. Auch er beruhigt sich langsam ... Wir sind ganz entspannt.

Der fliegende Teppich

Eine Phantasiereise

Märchenland, Morgenland. Weit weg, hinter Berg und Tal, dort, wo die Sonne aufgeht, liegt das Morgenland. Im wunderschönen Palast eines orientalischen Prinzen wartet jemand auf dich. Es ist Sheherazade. Ein Mädchen, das so viele Märchen kennt, daß es länger als tausendundeine Nacht dauern würde, bis sie alle erzählt hätte. Sie lächelt und führt dich die enge Wendeltreppe eines Palasttürmchens hoch. Oben angelangt siehst du eine kleine Terrasse vor dir. Sie öffnet einen weiten Blick über die Kuppeln und Dächer der Stadt. Ganz in der Ferne glänzt das Meer.
Sheherazade zeigt auf einen Teppich, der auf den Steinfliesen liegt. „Ein Zauberteppich", sagt sie leise und geheimnisvoll, „du kannst auf ihm fliegen, wohin du willst."

Schau ihn dir an, diesen Teppich. Wie schön er ist! Du siehst die leuchtenden Farben und Muster. Und wenn deine Hände darüberstreichen, spüren sie die feine, weiche Wolle, aus der er gewebt ist. Jetzt legst du dich auf den Zauberteppich. Er ist groß genug, du kannst dich ganz lang darauf ausstrecken. Du bist ruhig und entspannt ... Du schließt die Augen ...
Nun merkst du, wie sich der Teppich langsam, ganz langsam vom Boden abhebt. Du schwebst höher und höher ... Ganz sicher fühlst du dich auf deinem Zauberteppich. Angenehm warm ist die Luft hier oben. Du spürst die Sonnenstrahlen, sie wärmen dich ... Ein leiser Windhauch streicht über deine Stirn ... Du fühlst dich ruhig und sicher.
Träum dich fort! Träum dich dorthin, wo dich deine Wünsche hinführen. Und schau, was dir alles begegnet auf deinem Flug ...

- Nun kann das Kind in seiner Phantasie einige Zeit weiterfliegen. Dabei ist es ganz still im Raum.
- An dieser Stelle kann jedoch auch das Lied beginnen. Anders, als der „freie“ Flug in der Stille, nehmen die einzelnen Strophen die Phantasie der Kinder „bei der Hand“. Das Ziel der Reise heißt hier: Afrika. Auf der MC/CD ist an dieser Stelle afrikanische Musik zu hören. Während sie erklingt, kann sich der kleine Zuhörer Bilder und Erlebnisse in der Phantasie selbst „malen“.

- Falls Sie das Lied nur mit Ihrer Stimme gestalten, kann die Reise mit dem Fliegenden Teppich ganz verschieden aussehen. Entweder Sie lassen Strophe um Strophe folgen – oder Sie „steigen“ nach der 6. Strophe eine Weile „aus“, um das Kind mit den Bildern seiner Phantasie allein zu lassen. Laden Sie es mit leisen Worten ein weiterzuträumen. Danach „holen“ sie es mit der letzten Strophe wieder „ab“.
- Damit zwischendurch nach jeder Strophe die Phantasie ausschwingen kann, können Sie die kurzen, einprägsamen Schlußformeln mehrmals wiederholen: „Träum dich fort“, „Schwebe hoch“, „Fliege weit“, „Lande sacht“. Fangen Sie dabei mit normaler Lautstärke an und werden Sie von Mal zu Mal leiser.
- Beginnen Sie das Lied mit einem Vorspiel aus langsam aufeinanderfolgenden Klängen. Lassen Sie jeden Ton ausklingen und schenken Sie dem Kind Zeit zum Nachhorchen. Wenn diese Klänge auf den Grundton *a* abgestimmt sind, ergibt sich eine ruhige, „tragende“ Klangbasis das ganze Lied hindurch. Wählen Sie dafür ein obertonreiches Instrument.

Flieg zurück!

Wieder ankommen

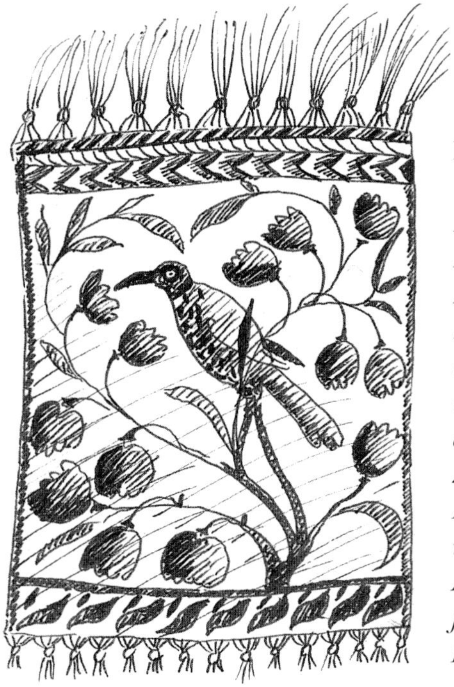

Auch der schönste Flug hat sein Ende. Um wieder „anzukommen“, braucht das Kind Zeit.

Du bist müde vom Tanzen und Schauen. Dein Zauberteppich trägt dich nach Hause. Noch einmal winkst du deinen kleinen Freunden am Strand zu. Wolken und Vögel begleiten dich auf der Heimreise. Jetzt siehst du deine Stadt von oben – deine Straße, dein Haus. Sanft landet der Zauberteppich.
Ich zähle bis fünf, ganz langsam. Wenn ich bei fünf angelangt bin, öffnest du die Augen. Du atmest tief ein und aus – und fühlst dich wach und entspannt.
Eins – zwei – drei – vier – fünf.

- Nun können die Kinder malen, was sie auf dem Flug alles gesehen und erlebt haben.

Sheherazade

Gemeinsam gestalten

Das Mädchen aus dem Palast des Prinzen kennt nicht nur tausendundein Märchen. Es webt alle Geschichten und Bilder in ihren Zauberteppich. Gemeinsam gestalten die Kinder ihren Zauberteppich. Jedes malt auf ein gleichgroßes, quadratisches Blatt Papier ein Muster (Mandala). Entweder ist es ganz still im Raum, oder es erklingt leise Musik. Wenn anschließend alle Muster zusammengelegt werden, ist ein bunter Zauberteppich entstanden.

Ausklang

Alle sitzen um den Zauberteppich herum. Einige Kinder möchten „nur" schauen, andere haben noch etwas zu erzählen. Bevor wir auseinandergehen, summen wir noch einmal das Lied. Dann nimmt jedes Kind sein Mandala mit nach Hause.

Ich bin ein Baum

Text und Melodie:
Dorothée Kreusch-Jacob

2. Ich spür' die Wurzeln wachsen,
tief in die Erde rein.
Sie dringen tief und tiefer,
da muß doch Wasser sein?

3. Ich spür' mich größer werden
und wachse in die Höh'.
Ich seh' mit meiner Krone
bis hin zum grünen See.

4. Der Wind spielt mit den Blättern
ich breit' die Äste aus.
Die Sonne wärmt die Rinde,
ich atme ein und aus.

5. Ich atme und ich stehe
verwurzelt, aufrecht, fest.
Und trag' in meinen Zweigen
ein kleines Vogelnest.

6. Der Regen läßt mich wachsen,
ich bin ein Blätterhaus
für Käfer, Bienen, Vögel,
sie fliegen ein und aus.

7. Im Sommerduft der Wiese,
da träum' ich meinen Traum,
spür' Wurzelkraft und Sonne,
ich bin ein großer Baum!

Bäume sind Ursymbole. Naturwesen, in denen wir uns selbst suchen und finden können. Mit allen Sinnen lassen sie sich entdecken, mit Augen, Ohren, Nase, Herz und Hand. Auch mit unseren „inneren" Augen nehmen wir sie wahr, der Erde nahe, dem Himmel offen. Verwurzelt und voller Kraft. Sich den kleinen und großen Wundern der Natur anzunähern braucht seine Zeit. Einen Baum erleben bedeutet, viel Zeit für ihn zu verlieren – und zu gewinnen.

Einladung

Abseits von den gewohnten Wegen begegnen wir ihnen, unseren Freunden, den Bäumen. Zunächst will sich jedoch jedes Kind nach Herzenslust bewegen und seinen Entdeckungen im wörtlichen Sinnen nach-gehen. Um Bäume herumlaufen, auf Stämmen balancieren, über Wurzeln hüpfen, auf Ästen wippen, klettern, springen ... Kinder brauchen diese bewegten Annäherungen. Sie öffnen für Begegnungen, aus denen Freundschaft und Achtsamkeit entstehen kann. So können sie auch herausfinden, welcher Baum sie an-zieht und anspricht. Vielleicht entdecken sie sogar einen, der ihnen ein wenig ähnlich ist, von außen wie von innen!

Näherkommen

Mit einem Baum Freundschaft schließen

Der neue Freund lädt zum Näherkommen ein. Alle Sinne wollen ihn be-greifen und er-fassen. Vorsichtig tasten die Hände über seine Rinde. Mit den Fingerspitzen können wir „spüren" und „sehen", auch wenn dabei die Augen geschlossen sind. Ist sie moosig weich, kratzbürstig von Flechten überzogen, warm von der Sonne, rauh und rissig, glatt und kühl – oder fühlt sie sich wie Kork an?
Unsere Hände schließen Freundschaft mit dem Baum. Er läßt sich umarmen, streicheln ... Wie mächtig der Stamm ist! Können ihn zwei Kinderarme umfassen?
Auch Brust und Bauch, Stirn und Rücken möchten mit-fühlen. Wir lehnen uns an den Stamm ... Wir spüren seine Kraft ...

Unser Ohr schmiegt sich an die Rinde. Hören wir den Herzschlag unseres Baumes? Will er uns etwas erzählen? Unsere Nase riecht den herben Duft der Rinde, der sich mit dem von trockenen Blättern, Harz oder Waldboden vermischt. Sogar die Füße befreunden sich mit dem Baum. Neugierige Zehen schieben sich unter Wurzeln und Tannennadeln, tasten über trockene Zweige. Wir schmiegen uns zwischen Luftwurzeln und schauen nach oben. Äste, Zweige und Blätter bewegen sich im Wind. Ihnen kann man lange zuschauen ...

Baumfühlen

Natur wahr-nehmen

Mit geschlossenen Augen wird ein Kind von einem anderen zu einem Baum geführt. Hände und Fingerspitzen machen sich mit jeder Einzelheit vertraut. Wir nehmen uns viel Zeit, um Wurzeln, Stamm, Rinde, Zweige und Blätter zu er-fühlen. Dann gehen beide wieder zum Ausgangspunkt zurück. Wird das Kind nun mit geöffneten Augen „seinen“ Baum wiedererkennen?

Lauschen

Stille erleben

Unter dem Baum ist dein Horchplatz. Deine Augen sind geschlossen. So bist du „ganz Ohr". Leicht und weich fließt dein Atem. Du horchst. Was hörst du in der Ferne? Vögel, Wind, andere Geräusche? Was hörst du über dir im Baum? Nimm jeden einzelnen Ton wahr, und sei er noch so leise ... Welche Farbe hat er? Welche Form? Ist er hell oder dunkel, glänzend, rauh, sanft, rund, langgezogen? Versuche auch mit der Haut zu hören. Wie fühlen sich die Töne an? Haben sie auch einen Duft, der dich an etwas erinnert? Atme jeden Ton ein ... lausche. Die Stille klingt.

Ich bin ein Baum

Eine gesungene Entspannungsübung im Stehen

Während das Lied erklingt, stellt das Kind selbst den Baum mit seinem Körper dar. Nach jeder Strophe wird das Gehörte oder Gesungene in einem gesprochenen „Zwischenspiel" vertieft.

1. Strophe: Im Sommerduft der Wiese ...

Deine Augen sind geschlossen. Vor deinem „inneren" Auge siehst du einen kleinen Baum auf der Wiese stehen. Du kannst ihn auch mit deinem Körper darstellen. Spürst du die warme Sonne und den Wind? Riechst du den Duft der Blüten und Blumen? Ganz leicht bewegst du dich im Wind hin und her ...

2. Strophe: Ich spür' die Wurzeln wachsen ...

Der Wind kann dich nicht umblasen. So klein du auch bist, du kannst dich schon gut festhalten mit deinen Wurzeln. Spürst du deine Wurzeln? Es ist, als würden sie durch deine Fußsohlen in die Erde dringen. Du verwurzelst dich mit Wurzelfüßen und Wurzelzehen. Alles an dir möchte mit der Erde verbunden sein. Wenn deine Füße nicht ganz dicht beisammen stehen, deine Knie locker und nicht durchgedrückt sind, hast du einen guten Halt. Du stehst ruhig und fest ...

3. Strophe: Ich spür' mich größer werden ...

Der kleine Baum wächst. Deine Wirbelsäule richtet sich auf. Laß dabei die Schultern sinken. Auch Bauch und Po sind ganz entspannt. So entspannt kannst du fast eine kleine Baum-Ewigkeit stehen. Spürst du, wie der Stamm nach oben strebt? Er trägt eine Krone aus Ästen und Zweigen. Wie ein König schaust du weit übers Land, bis hin zum grünen See.

4. Strophe: Der Wind spielt mit den Blättern ...

Breite nun langsam deine Arme aus. Stell dir vor, es sind Äste und Zweige. Laß den Wind mit den Blättern spielen. Dabei bewegst du die Hände, als ob sie tanzen. Fühlst du die Sonne? Spürst du ihre Wärme?
Atme ihr Licht ein und atme alles aus, was dich bedrückt. Dabei läßt du

langsam die Arme sinken. Atme mehrmals Licht ein und öffne dabei deine Arme nach oben. Atme wieder aus, indem du die Arme sinken läßt. Wie der Baum mit seinen ausgebreiteten Ästen, brauchst auch du das Licht zum Leben ...

5. Strophe: Ich atme und ich stehe ...

Du atmest und stehst ruhig und verwurzelt da. Du weißt, hoch oben in der Krone des Baumes trägst du ein kleines Vogelnest. Die Vogelkinder schlafen. Es ist ganz still. Sie sollen nicht aufwachen. Vielleicht bittest du den Wind, daß er noch eine Weile wartet, bevor er wieder beginnt zu blasen ...

6. Strophe: Der Regen läßt mich wachsen ...

Der Regen läßt dich wachsen. Du freust dich, daß du viele kleine Bewohner in deinem Blätterhaus beherbergen kannst. Käfer, Bienen, Vögel, Eichhörnchen ... Zufrieden drehst du dich und wiegst dich hin und her. Dreh dich langsam um deine Körperachse, während du festverwurzelt stehenbleibst. Schau jeder Drehung nach. Laß die Arme locker baumeln. Dabei stellst du dir vor, daß von deinen Fingerspitzen silberne Regentropfen fallen. Ganz allmählich werden deine Drehungen langsamer, bis du endlich wieder ganz ruhig stehst.

7. Strophe: Im Sommerduft der Wiese ...

Du bist ein großer Baum geworden. Vergleiche ihn noch einmal mit dem kleinen Bäumchen, das du einmal warst – und das du vorher mit deinen „inneren" Augen gesehen hast!

Mandala

Ein Tanz um „unseren" Baum

Zusammen mit dem Baum bilden wir ein Mandala. Dieses Wort bedeutet in altindischer Sprache „Kreis". Ein Meditationszeichen, das zur Mitte führt. Unser Baum bildet also die Mitte des Kreises. Wir bewegen uns in ruhigen Schritten und summen leise die Melodie des Baumlieds. Barfuß tanzen unsere Füße ein Bild auf dem Boden. Je einfacher, desto schöner ist dieser Tanz. Wir versuchen dabei, gemeinsam ohne Worte eine Form zu finden.

- In ruhigen Wiegeschritten nach rechts und links im Rhythmus des Liedes
- Rundherum im Kreis (und in Gegenrichtung)
- Zur Mitte und wieder nach außen.

Mit der Zeit wird uns die Melodie vertrauter, und immer harmonischer schwingen sich die gemeinsamen Bewegungen aufeinander ein. Sobald unser Lied verklungen ist, kommen auch die Bewegungen zur Ruhe.
Wir stehen mit gefaßten Händen im Kreis, schließen die Augen und stellen uns noch einmal das getanzte Mandala in seiner Form vor. Dann legen wir es als Bild auf den Waldboden. Mit allem, was wir in unmittelbarer Nähe finden: Tannenzapfen, Zweige, Blätter, Steine und anderes mehr.

Ausklang

Alle sitzen rund um das Mandala und erzählen sich, was sie erlebt haben. Bevor wir uns auf den Heimweg machen, nimmt sich jedes Kind noch ein kleines Andenken an den Baum mit.
Und das Mandala? Wer weiß, vielleicht haben nach uns noch andere Menschen ihre Freude daran. Findet es niemand, so wird es vergehen, wie es entstanden ist. Auch tibetanische Mandalas werden aus farbigem Sand gestreut und dann wieder verwischt. Symbole für Entstehen und Vergehen ...

Ich will ein Vogel sein

Text: Nortrud Boge-Erli
Melodie: Dorothée Kreusch-Jacob

2. Ich breite meine Schwingen,
ich will ein Vogel sein.
Kann hüpfen hoch und springen
und mit den Vögeln singen.
Drum laden sie mich ein.

3. Ich segle mit den Staren,
ich Menschenvogelkind,
will meine Kräfte sparen,
mit Schwalben, Möwen fahren.
Es trägt uns ja der Wind.

4. Ich fliege mit den Winden,
breit meine Schwingen weit.
Im Duft von Kraut und Linden
werd' ich mein Nestlein finden.
Im Vogelfederkleid.

5. Ich sinke langsam nieder
im Vogelfederkleid
zum Nest. Dort land' ich wieder,
summ leise Vogellieder,
die andern ziehen weit.

Der Traum vom Fliegen ist so alt wie die Menschheit selbst. Sich schwerelos in die Luft erheben. Höher und höher steigen, den Aufwind spüren und sich tragen lassen. Mit dem Wind fliegen und mit den Wolken segeln. Im Blau des Himmels kreisen und gleiten, fallen und wieder aufsteigen, weit, weit – der Sonne entgegen. Auch Ikarus aus der griechischen Sage hat diesen Traum geträumt. Er baute sich große Schwingen aus Federn. Doch die Sonne schmolz das Wachs, mit denen sie zusammengeklebt waren, und er bezahlte seinen Traum mit dem Leben. Versuchen wir es also lieber mit unserer Phantasie, und lassen uns von einem Lied beflügeln. „Ich stell' mich auf die Zehen" heißt es da, und schon tragen uns die Gedanken ein Stück weit hoch in den blauen Himmel.

Einladung

Ein Vogelschwarm flattert umher. Die Kinder kreisen, hüpfen, sausen mit ausgebreiteten Armen. Schrille Schreie, Pfeifen, Kreischen ... ein wilder Tanz! Solche Spiele aktivieren die Atmung, fördern die Durchblutung und Erwärmung der Muskeln. Es ist, als würde ein Korken von einer übervollen Flasche springen. Kinder tanzen sich dadurch in ein Spannungsgleichgewicht, das gut tut und für Ruhe und Stille öffnet.

Mir wachsen Flügel

Liegen und entspannen

Ein altes Spiel, das Kinder gerne im frischgefallenen Schnee spielen. Sie legen sich auf den Rücken und drücken mit den Armen das Muster von ausgebreiteten Schwingen in den Schnee. Dieses Spiel läßt sich auch auf einer Wiese oder auf einer Decke im Zimmer spielen.
Entspannt und ruhig atmend liegen die Kinder da. Die Arme liegen dicht am Körper, die Handflächen schauen nach unten. Beim Klang einer Klangschale (Zymbel, Gong) hebt jedes Kind langsam die gestreckten Arme etwa eine Handbreit vom Boden. Mit dem Verklingen des Tones entspannen und sinken lassen. Pause. Stille. Sich der Schwere bewußt werden ...

Diese Übung wiederholen, bis Stück für Stück die großen Schwingen des Vogels (in der Vorstellung) auf dem Boden abgebildet sind.

Zauberfeder

Spüren, wahrnehmen

Alle Kinder finden sich zu einem Kreis zusammen. Eine Vogelfeder geht von Hand zu Hand. Zart, bunt, durchscheinend. Mit Streifen und Tupfen. Geheimbuchstaben, die Vogelnamen und Vogelgeschichten erzählen und verraten können. Zart wie ein Windhauch, kann die Berührung mit einer Feder sein! Schauen, spüren, fühlen ... das alles braucht „seine" Zeit!
Wer will verraten, was ihm die Zauberfeder erzählt hat?

Ein Nest zum Träumen

Mit einem Lied davonfliegen

Gemeinsam bauen sich die Kinder ein Nest, das sie sich mit Decken, Kissen oder Tüchern auspolstern. Der Raum ist etwas verdunkelt. Dann machen es sich alle im Nest bequem. Sie kuscheln sich in die Kissen, schmiegen sich an den Boden. Drückt noch etwas, ein Gürtel oder eine Falte? Entspannt schließen alle die Augen, bereit zum Horchen, bereit zum Träumen.
Bevor nun das Vogellied erklingt, gehen Sie noch einmal leise von Kind zu Kind. Sie berühren es zart mit der Zauberfeder und flüstern „Kleiner Vogel, träum vom Fliegen!"

- Wenn Sie das Lied nicht von der MC/CD hören, sondern singen, sind längere Pausen zwischen den einzelnen Strophen notwendig. Sie können sie mit langsamen Tönen ausfüllen, indem Sie z.B. eine Kantele, eine Leier oder eine Zither anzupfen oder ein anderes Instrument mit langausschwingenden Tönen spielen (Klangschale, Triangel o.ä.). Diese „tragen" das Kind weiter auf seinem Flug und lassen ihm Zeit sich das Gehörte vorzustellen.

Aufwachen und Ankommen

Nachdem unser Lied verklungen ist, sind auch die Vögel am Ende ihres Phantasiefluges wieder ins Nest zurückgekehrt. Wie zu Beginn des Liedes gehen Sie auch jetzt wieder mit der Zauberfeder von Kind zu Kind. Sie berühren es leicht an einer Stelle des Körpers und flüstern:

„Kleiner Vogel, komm zurück!"

Dann atmen alle tief durch, recken und strecken sich – und kehren wach und munter in den Raum zurück.

- Wenn das Lied ohne Begleitung der MC/CD gesungen wird, können Sie das ausleitende Nachspiel folgendermaßen gestalten: Sie beginnen, nachdem Sie das letzte Kind mit der Feder geweckt haben, noch einmal die Melodie zu summen. Wer mag, wird mitsummen. Durch den vertieften Atem, der durch das Summen bewirkt wird, verfliegt auch das letzte bißchen Müdigkeit.

Vor dem Abflug

Eine Yogaübung

Alle „Vögel" sitzen aufrecht im Schneidersitz auf dem Nestrand. Dann flattern sie mit zusammengepreßten Händen und den Ellenbogen auf und ab, wie ein Vogel, der gleich losfliegen möchte. Dazu wird im gleichen Rhythmus geatmet. Diese Atem-Übung vertreibt Schläfrigkeit und Antriebslosigkeit im Nu!

Mein Traumvogel

Wie sieht mein Traumvogel aus? Hat er goldene Federn? Schillert er in allen Farben? Welche Lieder kann er pfeifen?
Jedes Kind malt seinen Traumvogel auf ein größeres Stück dünne Pappe und schneidet ihn aus. Wichtig ist, daß er von beiden Seiten bemalt wird. Zum Schmücken liegen Federn, Bänder und Papierstreifen bereit.
Während gemalt wird, erzählen sich die Kinder von ihren Traumerlebnissen beim Fliegen.

Horchspaziergang

Vögel in der Natur

Amsel, Drossel, Fink und Star. Ob Möwen am See, der Kuckuck im Wald, die Amsel im Garten. Welches Kind erkennt, wer da singt, pfeift, gurrt, flötet, krächzt, zwitschert? So verschieden ihr Aussehen, so verschieden ihre Lieder. Es lohnt sich, einen Horchspaziergang zu machen. Am besten frühmorgens im Park, im Wald oder am Bach. Der Tau glitzert auf Gräsern und Blättern. Die Sonne wirft schräge, goldene Strahlen durch die Bäume. Leise über den Waldboden gehen. Oder sich auf einen Baumstamm setzen und Horchen. Zeit der Vogellieder. Zeit zum Beobachten.

Klänge zum Lied

Ein Vogellied kann Klangphantasie wecken. Und so suchen wir nach allen möglichen Tönen, die einen musikalischen Hintergrund zum Lied bilden können.

- Stimme: Zwitscherlied und Piepskonzert – für Kinder ein musikalischer Hochgenuß.
- Grashalme: Zwischen zwei Finger gespannt, ergeben sie vogelähnliche Töne.
- Vogelpfeifchen: kann man in Spielzeugläden oder auf Märkten billig kaufen. Sparsam eingesetzt geben sie unserem Vogellied lustige Farbtupfer.
- Holunderpfeifchen: Während eines Frühlingspaziergangs im Gras zu sitzen und ein Pfeifchen zu schnitzen ist ein altes und ewig neues Spiel für Väter und ihre Kinder. Auch ein Weg in die Stille, denn man braucht Geduld und Aufmerksamkeit dazu.

Vogelfederkleid

Kleines Vogeltheater

Kinder verwandeln sich gerne in Vögel, und das mit den einfachsten Mitteln. Ein Nachmittag auf einer herbstlichen Wiese schenkt ihnen viele bunte Federn. Die Blätter werden einfach durch die Maschen eines Pullovers gesteckt. Schon flattert ein goldener Paradiesvogel über die Wiese!

- Schön sieht es aus, wenn bunte Kreppapierstreifen um die Arme gebunden werden. So läßt es sich draußen und drinnen mit dem Wind um die Wette fliegen.

Schwingen, Gleiten, Kreisen

Ein ruhiger Tanz

„Ich stell' mich auf die Zehen“: So beginnt das Vogellied. Ja – und so beginnt auch der Vogeltanz. Nachdem die ersten Töne des Liedes erklingen, stellen sich alle Kinder auf die Zehen. Sie schließen die Augen und breiten weit ihre Flügel aus. Sie spüren das Luftpolster unter ihren Flügeln. Ob der Wind sie trägt?
Endlich, wenn jedes Kind Vertrauen in seine Flügel gefaßt hat, macht es die Augen auf und läßt sich von der Musik mit weit ausgebreiteten Armen tragen. Es ist ein langsamer, ruhiger Tanz. Und er gleicht dem Kreisen eines großen Vogels, hoch oben im Himmel. Ruhig, getragen vom Wind ...
Am Ende des Liedes finden sich alle Vögel wieder im Nest zusammen.
Es gibt viel zu erzählen.

Ausklang

Gibt es einen Baum in der Nähe? Wenn ja, dann lohnt es sich, einen kleinen Spaziergang dorthin zu machen. (Aber auch im Raum läßt sich aus Zweigen ein „Vogelbaum“ in die Mitte eines Kreises stellen).
Jedes Kind hängt seinen Traumvogel im Baum auf. Damit er klingt, bekommt er noch ein Glöckchen angebunden. Nun können Hände und Wind mit ihm spielen.

- Wir setzen uns um unseren Vogelbaum herum und schauen den Vögeln beim Tanzen zu. Ob wir irgendwo einen „richtigen“ Vogel singen hören? Vielleicht spüren wir, daß wir alle Vögel in der Natur noch ein Stück lieber gewonnen haben.

Zum Schluß tanzen wir noch einmal alle um unseren geschmückten Baum und singen unser Lied, das uns längst schon im Ohr sitzt, obwohl wir es eigentlich gar nicht gelernt haben.

Das Wolkenboot

Text und Melodie:
Dorothée Kreusch-Jacob

2. Fahr mit mir im Wolkenmeer,
schwebe auf und nieder.
Lieg entspannt und werde schwer,
summe leise Lieder.
Lalala … summe leise Lieder.

3. Leise auf und nieder,
schwebt das Wolkenboot.
Schau, der Stern dort drüben –
alles leuchtet rot!
Lalala … alles leuchtet rot!

4. Schweb ein bißchen weiter,
schau, wie gelb es wird.
Gelbe Schafe hütet
auf dem Stern ein Hirt.
Lalala … schau wie gelb es wird!

5. Weiter geht die Reise
bis zum grünen Stern.
Unser Segel schimmert grün,
landest du dort gern?
Lalala … auf dem grünen Stern.

6. Über einer Wolkeninsel
glänzt ein lila Schein.
Hüllst uns alle beide
ganz in lila ein.
Lalala … ganz in lila ein.

7. Hinterm Regenbogen
scheint ein weißes Licht.
Malt dir helle Kringel
in dein Sterngesicht!
Lalala … schau, ein weißes Licht!

8. Wolkenboot sinkt nieder
auf die dunkle Welt.
Bunte Sterne seh' ich
am blauen Himmelszelt.
Lalala … am blauen Himmelszelt.

Wolken sind Himmelszeichen und Wetterboten, aber auch Traumgestalten, die unsere Phantasie beflügeln.
Bei gutem Wolkenwetter lohnt es sich, in die Natur hinauszugehen und ihnen in Ruhe zuzuschauen. Oder sollen wir uns nicht gleich ins Wolkenboot setzen und einen ganzen Traum lang in den Himmel schweben?

Einladung

Das Wolkenguckerspiel ist am schönsten auf einer Wiese. Jedes Kind sucht sich seinen Platz, an dem es ungestört in die Wolken gucken kann.
Wir spüren die Erde, das weiche Gras, die Sonne, den leichten Windhauch im Gesicht. Und oben ziehen die Wolken am Himmel vorüber. Langsam und lautlos. Gestalten, die sich immer wieder unmerklich verändern, ehe sie hinterm Hügel verschwinden.

- Wir schauen und horchen, während wir eine ruhige Musik hören. Ein Erlebnis, das auch Kinder beeindrucken wird, die noch nie eine Stille-Übung gemacht haben.
- Wir schauen und summen, vielleicht die Melodie vom „Wolkenboot". Sie läßt sich auch im Kanon singen. Jedes Kind sucht sich dabei eine kurze Stelle (siehe Ziffern im Notenbild), die es ständig wiederholt. Diese Wiederholungen wirken beruhigend und lenken nicht die Aufmerksamkeit auf das „Durchhalten" der gesamten Melodie. Bereits bei zwei kleinen Liedteilen entsteht ein schöner Zusammenklang.
- Wir schauen und schweigen. Wie still es ist! Nur ab und zu eine Biene, eine Grille oder der Wind in den Gräsern. Stille, die uns gut tut. Ein leises Lied, das sich die Natur selber singt.

Wolkenklang

Ein Bild aus Klängen

Was auf der Wiese beim Wolkengucken erlebt wurde, kann später im Gestalten mit Klängen sein Echo finden. Lang ausschwingende, „weiche" Klänge eignen sich dafür, z.B. Klangschalen oder Gongs, die es ja in verschiedenen Größen gibt. Große Wolken, kleine Wolken, hoch am Himmel oder tief über der Erde. Damit das Schwebende der Wolkenklänge zum Ausdruck kommt, lassen wir jeden Ton lange klingen.

Es genügen sehr wenige Klänge, die sich vorsichtig vermischen und ineinander verschmelzen. So entstehen immer neue Klangwolkengebilde. Den Abschluß unserer Musik bildet das Rieseln eines Regenholzes.

- Wenn wir die Augen beim Spielen schließen, „spüren" wir nicht nur, wie lange ein Ton zum Ausschwingen braucht. Wir ahnen auch voraus, wann ein neuer Klang entstehen will. Außerdem „sehen" wir das, was erklingt, in unserer Phantasie: Wolkenbilder ...

Eine Wolke aus Kindern

Bewegungsspiel

„Rate, rate, wer ich bin, hoch am Himmel zieh' ich hin ..." Eine große Wolke zieht über den Himmel, langsam und lautlos. Für dieses Bewegungsspiel werden in ein Bettlaken Schlitze geschnitten, gerade so groß, daß ein Kinderkopf durchpaßt. Die Kinder schlüpfen unter das Tuch und stecken ihre Köpfe durch die Löcher. So bewegen sie sich als große Wolke. Kommt Wind auf (Stimmgeräusche)? Dann zieht die Wolke schneller dahin oder beginnt sanft auf den Wellen des Wolkenmeeres zu schaukeln. Wird der Wind leiser, beruhigen sich auch die Bewegungen der großen, weißen Wolke.

Kleines Wolkenboot

Ein Atem- und Bewegungsspiel zu zweit

Zwei Kinder sitzen Rücken an Rücken und spielen „Wolkenboot". Sie spüren ihren Atem. Er geht ein und aus. Ein und aus ... weich und fließend ein und aus ...
Langsam setzt sich das Wolkenboot in Bewegung. Während sich das eine Kind vorbeugt und ausatmet, lehnt sich das andere sanft (aber immer in Berührung mit dem anderen Rücken) nach hinten und atmet dabei tief ein. Es spürt dabei, daß die Luft „Platz braucht". Besonders schön fühlt sich diese Übung bei geschlossenen Augen an. Beide schaukeln sich in einen gemeinsamen Atemrhythmus ein.

- Sie können dazu leise das Lied summen oder singen.

Licht

Die Mitte finden

In der Mitte des Kreises steht eine Kerze. Der Raum ist etwas verdunkelt. Unser Blick ruht auf dieser leuchtenden Mitte. Wir schenken dem Licht unsere ganze Aufmerksamkeit, bis wir das Bedürfnis haben, die Augen zuzumachen.
In uns ist es nun aber nicht dunkel, denn wir nehmen dieses Licht in uns hinein und sehen es vor unserem „inneren" Auge. Da ist das Gelb der Flamme ... und nun das leuchtende Orange ... Jetzt richten wir unsere Aufmerksamkeit auf ihr blaues Licht ... und dann sehen wir das Weiß der Flamme ...
Sogar die Wärme spüren wir. Sie erfüllt uns ganz. Wir spüren, daß wir warm und hell werden, ein Teil dieses Lichts. Wir sind strahlend hell und genießen diesen Augenblick.
Je nach Aufmerksamkeit der Kinder ist es einige Minuten ganz still.

Sternenreise

Eine Traumgeschichte

Weit oben am Himmel, am Ende des Abendrots wartet das Wolkenboot auf dich. Komm mit – der kleine Stern wird dich führen! Er reicht dir seinen Lichtstrahl, an dem du hinaufklettern kannst. Siehst du es, das Wolkenboot? Es ist hell, wie das warme Licht der untergehenden Sonne. Der kleine Stern winkt dir. Du steigst ein. Wie weich und warm es ist! Du fühlst dich ganz sicher in diesem Boot aus Licht. Es trägt dich. Sanft schaukelt es auf den Wellen des Wolkenmeeres dahin. Du spürst das Auf und Ab der Wellen. Auf und ab ... auf und ab ...

Es ist still hier oben. So still, daß du deinen Atem hören kannst. Er kommt und geht, wie die Wellen des Wolkenmeeres. Ruhig und fließend. Ein und aus ... Du schwebst. Schwerelos gleitet das Wolkenboot durch den blauen Abendhimmel. Du summst ein leises Liedchen vor dich hin und bist ganz entspannt.

Siehst du die Sterne im dunklen Samtblau des Abendhimmels? Sie strahlen und funkeln in den schönsten Farben. Jeder Stern hat eine andere Farbe. Du kannst sie leuchten sehen, und du kannst sie sogar hören. Ganz leise kommen Klänge von weither. Zart und schön. Die Sterne klingen, jeder auf seine Weise. Hörst du den wunderbaren Zusammenklang? Es ist eine Himmelsmusik, wie du sie noch nie gehört hast ... Du möchtest geradewegs in diese Musik hineinschweben auf deinem Wolkenboot. Du möchtest diesen leuchtenden Sternen immer näherkommen – und schauen – und horchen ... Der kleine Stern flüstert dir zu: Wohin soll die Sternenreise gehen? Wo sollen wir landen? Du brauchst dich nur dorthin zu träumen, wohin du willst, schon sind wir da. Du träumst und schwebst weiter. Das Wolkenboot aus Licht trägt dich überall hin, wohin du willst. Von Stern zu Stern. Schau dich um, vielleicht willst du nachher malen, was du auf dieser Traumreise gesehen hast ...

- Hier kann das Kind in der Stille weiterträumen.
- An dieser Stelle kann auch das Lied beginnen. Entweder es wird angehört oder leise und erzählend vorgesungen. Lassen Sie jedoch zwischen den Strophen immer genug Zeit, so daß sich das Kind in das Erlebte versenken kann. Am besten, Sie wiederholen singend oder summend immer wieder den Refrain. Oder Sie lassen einzelne Klänge einer Klangschale (zarte Triangeltöne, Glöckchen) langsam erklingen.

Ankommen

Ende der Traumreise

Wird das Lied vor dem Einschlafen gesungen, ist es nach dem letzten Ton noch nicht zu Ende. Erzählen Sie noch ein wenig weiter mit leiser, beruhigender Stimme:

Langsam, ganz langsam schwebt das Wolkenboot zur Erde. Es ist dunkel geworden. Du siehst dein Haus. Es brennt Licht dort. Dein Fenster steht offen. Du bedankst dich noch einmal beim kleinen Stern und rutschst auf seinem Lichtstrahl direkt in dein Bett. Dort ist es warm und weich und kuschelig. Du fühlst dich ganz geborgen, wie in deinem Wolkenboot. Es ist, als würdest du weiterschaukeln. Auf und ab ... auf und ab ...

Wird diese Traumreise zwischendurch am Tag als Entspannung gemacht, sieht die „Landung“ etwas anders aus:
Auch hier verabschiedet sich das Kind vom kleinen Stern und rutscht in der Vorstellung wieder auf seinem Lichtstrahl hinunter auf die Erde. Dann löst es sich langsam aus der Entspannung. Es atmet tief durch, reckt und streckt sich, dehnt sich und gähnt. Dann öffnet es die Augen. Es schüttelt Arme und Hände, Beine und Füße aus – und ist wieder ganz „da“.

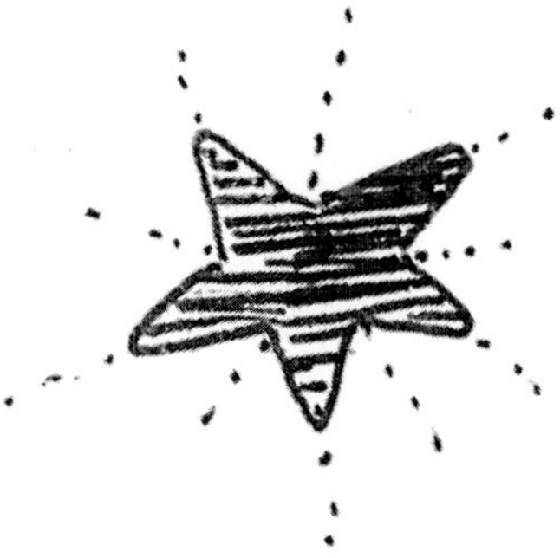

Sternenbild

Das Erlebte malen

Auf welchem Stern war es am schönsten? Was gab es dort zu sehen? Jedes Kind malt auf einen großen Papierbogen „seinen“ Lieblingsstern, in der Farbe, die ihm am besten gefällt. So kann es z.B. aus vielen verschiedenen Rot-Tönen den roten Stern malen.
Wir können dazu leise Musik hören, oder Sie summen die Melodie des gerade gehörten Liedes. Wahrscheinlich werden die Kinder das Summen aufgreifen. Und es liegt die schönste Musik in der Luft, die es gibt. Unser eigener Klang!

Farb-Klänge

Malwasser-Spiele

Es wäre schade, das Malwasser wegzuschütten! Da sich jedes Kind nur mit den verschiedenen Tönen einer einzigen Farbe beschäftigt hat, leuchtet das Wasser besonders schön. Wir können es in langstielige Gläser schütten. Nun sind noch einmal alle Farben zu sehen, die die Kinder auf ihrer Sternenreise erlebt haben. Sie beginnen aufzuleuchten, wenn wir sie vor ein Fenster stellen, wo gerade die Sonne hereinscheint.

Klang-Farben

Eine bunte Glasharfe zum Fühlen und Horchen

Sterne klingen, Farben klingen. Jedes Glas dieser farbigen Glasharfe hat einen anderen Ton, wenn wir mit dem feuchten Finger den Rand entlangfahren. Wir spüren den kreisrunden Rand und schließen dabei die Augen. In Gedanken „malen“ wir ihn noch einmal mit dem Finger nach. Dann erst versuchen wir einen Ton mit dem feuchten Finger zu zaubern. Mal ist er leiser, mal lauter. Er schwingt lange. Und wenn wir genau zuhören, entdecken wir, daß doch viele andere Töne mitschwingen, die Obertöne. Es klingt ein wenig wie Himmelsmusik. „Sphärenklänge“ sagten dazu die alten Griechen. Sie glaubten, daß unsere Himmelskörper Sonne, Mond und Sterne durch ihre Bewegung Harmonien hervorbringen, die unserem musikalischen (diatonischen) Tonsystem entsprechen. Diese Harmonien sind jedoch nur für unser „geistiges Ohr“ wahrnehmbar.
Wir spielen auch mit dem Glas daneben. Wieder spüren wir den runden Rand. Wir horchen auf den Ton. Klingt er heller oder dunkler? Wir können auch versuchen, auf zwei Gläsern einen Zusammenklang zu finden. Welche Farbe hören wir?

Klänge zum Lied

- Wer aufmerksam die Begleitmusik zum Lied auf der MC/CD hört, entdeckt in den Zwischenspielen zu den einzelnen Strophen immer wieder andere und neue Klangfarben. Sie sind aus verschiedenen Flötenklängen „gemischt".
- Wer dieses Lied nur singen möchte, „malt" sich die Zwischenspiele selbst. Je nachdem, wie die Wassergläser unserer Glasharfe gefüllt sind, klingen und leuchten die Farben immer wieder anders. Wir lassen uns Zeit zum Ausprobieren und Horchen. Blau, rot, lila, grün, gelb, weiß. Ein langes, farbiges Lied lädt zur Sternenreise ein!
- Ältere Kinder haben oft Freude daran, die Glasharfe auf die Tonart des Liedes zu „stimmen". Dafür genügen der Grundton (1. Stufe) und die Quint (5. Stufe), in diesem Lied also *e* und *h*. Während diese Töne einen ruhigen Grundklang zum Lied bilden, können noch ein paar sparsam eingesetzte Klangfarben in den Zwischenspielen dazukommen, z.B. Klangschalen, kleine Becken (Crotales), Triangel oder Glöckchen.
  Bei größeren Gruppen kann man die Kinder aufteilen. Die einen gestalten die Meditationsmusik, die anderen dürfen träumen. Danach werden die Rollen getauscht.

Ausklang

Jedes Kind legt seinen Stern auf ein großes blaues Tuch, das auf dem Boden ausgebreitet ist. So entsteht allmählich ein Sternenhimmel. Der Raum sollte dabei etwas verdunkelt sein.
Wer mag erzählen, was er auf seiner Reise im Wolkenboot alles erlebt hat? Das Kind, das beginnt, bekommt ein Teelicht, das es auf seinen Stern stellt. So leuchtet ein Stern nach dem anderen auf!
Kinder, die sich scheuen, von ihren Erlebnissen zu berichten, gehen leise mit ihrem Licht zum Stern. Er wird, ganz ohne Worte, die schönste Geschichte erzählen. Wir nehmen uns Zeit, auch dem Nichtgesagten zuzuhören.

- Unsere Sternenbilder begleiten uns noch eine ganze Zeit lang. Sie werden ans Fenster gehängt. Entweder alle zusammen oder jeweils ein Stern an ein einzelnes Fenster. Tagsüber läßt sie die Sonne aufleuchten. Abends leuchten sie nach draußen auf die dunkle Straße. Unser Haus ist ein Sternenhaus geworden. Besonders schön im Advent!

Bist du noch wach?

Text und Melodie:
Dorothée Kreusch-Jacob

2. Bist du noch wach?
Der Mond steht überm Dach.
Auf deiner Nase* blitzt ein Stern.
Ich hab dich gern!
Schlaf ein, kleine Nase*, schlaf ein!

* *Ohr, Mund, Hals, Nacken, Schulter, Arm, Hand, Rücken, Bauch, Po, Bein, Knie, Fuß, Zeh.*

Die Zeit zwischen Wachen und Träumen hat für Kinder allabendlich eine besondere Bedeutung. Ehe sie endlich das loslassen können, was sie tagsüber beeindruckt und beschäftigt, brauchen sie „ihre" Zeit. Singen und Erzählen, eine streichelnde Hand und ein offenes Ohr für manches, das noch erzählt werden will, haben als Einschlafrituale einen geradezu therapeutischen Wert.

Einladung

Berühren und sich berühren lassen, eine Form des intensiven Gebens und Nehmens, nichts anderes bedeutet Massage. Kinder lieben das Spiel, in dem es darum geht, die Körperlandschaft zu entdecken und der Haut etwas zu erzählen. Gerade die Schultern und Nackenmuskeln und vor allem der Rücken sind häufig verspannt. Beim folgenden Ratespiel spüren wir diese Verspannungen auf, wärmen, kneten, lockern.

Zunächst laden wir die Hände mit Energie und Wärme auf. Wir reiben die Handflächen lange und kräftig. Dann verteilen wir diese Energie, indem wir die Hände bewegen, als würden wir sie waschen. Jetzt spüren wir die Hände! Sie sind bereit, Wohlbefinden zu verschenken. Das Spiel kann beginnen.

Wer ist da unterwegs?

- Ein Bär? Weiche, schwere Bewegungen mit der ganzen Handfläche
- Ein Frosch? Locker aus dem Handgelenk hüpfen
- Eine Katze? Mit weichen „Pfoten" schleichen
- Ein Vogel? Mit den Fingerkuppen kreuz und quer hüpfen
- Eine Ente? Mit den flachen Händen „watscheln" und leicht patschen
- Ein Tausendfüßler? Mit allen zehn Fingerspitzen krabbeln
- Eine Fliege? Kaum spürbar berühren, wegfliegen und woanders landen
- Eine Schnecke? Langsam mit flachen Händen kriechen und schieben

Und was noch? ...

Lavendel, Honig, Mandarine

Düfte zum Einschlafen und ruhig werden

Reine Naturöle sprechen nicht nur die Nase, sondern auch die Seele an. Ob in der Duftlampe oder im Massageöl helfen sie mit, den Tag sanft ausklingen zu lassen und Ruhe und Gelöstheit zu finden.

Lavendel: „Ich bin glücklich und frei", singt der wilde Lavendel im Märchen von Tausendundeiner Nacht. Sein Duft hilft loszulassen von der Hektik des Tages, Gedanken fortzuschicken und die „blaue Blume" der Träume in einem erholsamen Schlaf zu finden. Ein mit getrockneten Lavendelblüten gefülltes Säckchen wird als Duftkissen in den Kissenbezug geschoben. Riechen – atmen – schlafen ...

Mandarine: Ein Sonnengewächs, das warm und süß duftet. Kinder lieben diesen Duft. Er wirkt aufbauend und hilft bei Verspannungen und Ängsten, bei Traurigkeit und Schlaflosigkeit.

Honig: Aus Bienenwachswaben. Ein warmer, süßer und milder Duft. Er wirkt entspannend und beruhigend, sorgt für Ausgleich. Ein paar Tropfen davon ins warme Bad oder in ein Pflanzenöl (Jojoba-Öl) zum Massieren wirken entkrampfend und schlaffördernd.

Deine Hand – meine Hand

Eine Duftmassage

Erst schnuppern, dann mischen. In einem kleinen Gefäß kann sich das Kind sein Lieblingsöl selbst herstellen. 1 Tropfen Lavendel-, Mandarine-, Honig- oder Vanilleessenz auf einen Eßlöffel Pflanzenöl genügt. Je nach Vorliebe kann auch gemischt werden. Damit sie besser gleiten, werden die Hände mit dem duftenden Öl eingerieben. Was braucht die kleine Hand? Will sie gestreichelt, geklopft, gedrückt, gekitzelt, geknetet werden? Malen oder schreiben wir etwas in die Handfläche? Oder will die kleine Hand nur still in der anderen liegen und ihre Wärme fühlen? Die große Hand „horcht" auf die Signale, die von der kleinen Hand kommen.

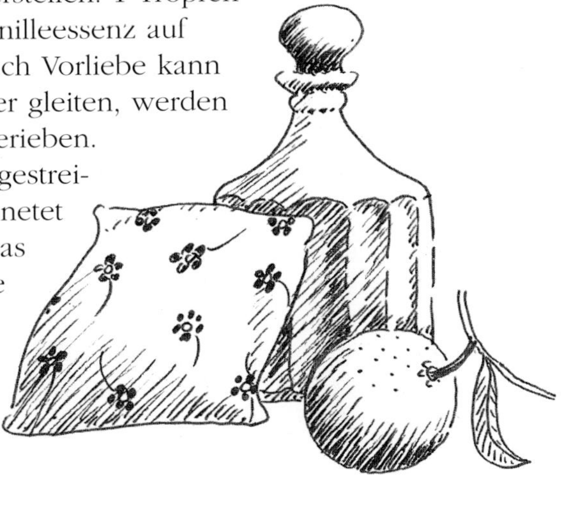

Mein Körperumriß

Horchen und entspannen

Mit geschlossenen Augen liegt das Kind da. Währenddessen wird eine Musikkugel (oder Glöckchen) in geringem Abstand zum Körper entlanggerollt. Horchend „malt" das Kind die Umrisse seines Körpers und erlebt die zarte Musik, die näherkommt und sich wieder entfernt, je nachdem an welcher Stelle des Körpers sie sich gerade befindet.

Klangmassage

Spüren, horchen, entspannen

Eine Musikkugel wird auf dem Körper gerollt. Mit „Gefühl" und mit leichtem Druck. Die Aufmerksamkeit wandert mit der kreisenden Kugel und ihren Klängen über den ganzen Körper. Ganz besonders wohltuend und wirksam ist es, wenn die Handflächen und die Fußsohlen „bespielt" werden (Reflexzonen!)

Wie das Mondschäfchen seinen Stern verlor

Eine Geschichte zum Träumen

Siehst du am Himmel den Mondmann in seinem weiten, wehenden Gewand aus Licht? Er mäht das Gras im Mondtal. Seine Sichel blitzt. Um ihn herum weiden die Mondschafe. Jedes von ihnen hat einen kleinen Stern am Hals hängen. Damit es nicht verloren geht am dunklen Nachthimmel. Der Mondmann muß gut auf seine Schäfchen aufpassen. Nicht immer weiden sie so brav auf der Mondwiese. Manchmal rennen sie auch um die großen, grauen Wolken herum oder springen eines nach dem anderen von Wolke zu Wolke.

Eines Abends jedoch passiert es. Beim Wolkenhüpfen verliert das kleinste Schäfchen seinen Stern. Es kann gerade noch erkennen, wie er hinunter auf die Erde fällt und einen langen Schweif aus Licht hinter sich herzieht. „Eine Sternschnuppe!" jubelt ein Menschenkind, das gerade am Fenster steht und hinauf in den Himmel schaut.

Aber das Wolkenschäfchen ist untröstlich. Ohne seinen kleinen Stern kann es sich am Nachthimmel nicht zurechtfinden. Es läuft zum Mondmann. „Was soll ich tun?" weint es. Der Mondmann legt seine silberne Sichel ins Gras und denkt nach. „Wir könnten den Wind bitten. Er soll uns beide auf der großen Wolke zur Milchstraße blasen. Dort hole ich dir wieder einen kleinen Stern, damit du mir nicht verloren gehst."

Willst du dem Wind helfen und mitblasen? – Atme tief ein, laß deinen Atem ausströmen und blase und blase …

Du bläst, bis der Mondmann und sein Schäfchen in der Milchstraße angekommen sind. Dort blitzen Tausende und Abertausende von Sternen. Nun holt der Mondmann einen davon und hängt ihn dem Schäfchen um den Hals. Dann schweben beide, auf der Wolke wieder zurück zur Herde.
Was aber ist aus dem Stern geworden, der auf die Erde gefallen ist? Stell dir vor – er sitzt auf deiner Nase. Da leuchtet und funkelt er in allen Farben. Siehst du ihn?

- Hier kann das Lied beginnen.

Unser Einschlaflied ist beinahe eine „unendliche“ Geschichte. Denn Strophe für Strophe kann sich das Kind entspannen. Vom Kopf bis zu den Zehen. Jeder einzelne Körperteil bekommt sein eigenes Schlafliedchen. Und meist ist das Kind bereits eingeschlafen, noch ehe das Lied ganz zu Ende ist.

Auf deiner Nase blitzt ein Stern!

Der blitzende Stern auf der Nase lenkt die Aufmerksamkeit des Kindes noch einmal auf diesen Teil des Körpers. Um so leichter kann es nachher die Anspannung dort loslassen.
Strophe für Strophe wandern wir von Körperteil zu Körperteil. Dabei fühlt es sich schön an, wenn das Singen von einer streichelnden Hand begleitet wird. Entweder sie legt sich warm auf die betreffende Körperstelle oder sie streicht sie am Ende der Strophe aus (Hände, Finger, Arme, Schulter, Beine, Füße und Zehen).

Bist du noch wach?
Der Mond steht überm Dach,
auf deiner Nase blitzt ein Stern,
ich hab dich gern!

Schlaf ein, kleiner Kopf!

Loslassen, vertrauen

Noch ein wenig schaukeln und wiegen vor dem Einschlafen? Entspannt liegt das Kind auf dem Rücken. Sie sitzen auf den Knien hinter ihm und halten seinen Kopf in den Händen. Spüren Sie sein Gewicht? Läßt sich die Halswirbelsäule vorsichtig ein wenig dehnen? Nun wird der Kopf sanft hin und her bewegt. Sie drehen, heben, senken und wiegen ihn so behutsam, daß Ihnen das Kind voller Vertrauen den Kopf überlassen kann. „Schlaf ein, kleiner Kopf ...“

Schlaf ein, kleiner Kopf, schlaf ein.
Du wirst vom langen Wachsein müde sein,
schlaf ein, schlaf ein!

Bist schön locker?

Nicht nur abends, auch mal zwischendurch am Tag tut eine kleine Entspannung gut. Das Kind liegt ausgestreckt und bequem auf dem Rücken. Sein Atem geht ruhig und gleichmäßig. Während wir den Refrain singen, heben wir den Arm (die Hand, die Schulter, das Bein) ein wenig hoch. Wir spüren das Gewicht, lockern und bewegen das Körperteil vorsichtig und legen es wieder auf den Boden. Auch das Ausstreichen von der Schulter zur Hand, vom Bein zur Fußspitze tut gut. Anschließend Zeit lassen zum Nachspüren.

Bist schön locker, bist schön schwer,
bist ganz warm, mein Kind.
Draußen, wo die Wolken ziehen,
singt der Wind!

Ausklang

Entspannt liegt das Kind auf dem Rücken. Der Schmusebär hat es sich auf seinem Bauch bequem gemacht. Er ist müde. Will er ein wenig schaukeln? Im ruhigen Atemrhythmus hebt und senkt sich die Bauchdecke des Kindes. Und der Schmusebär hebt und senkt sich auch. Ob er sich wohlfühlt, wenn er so sanft geschaukelt wird? Vielleicht ist er sogar schon eingeschlafen? Und das Kind mit ihm.

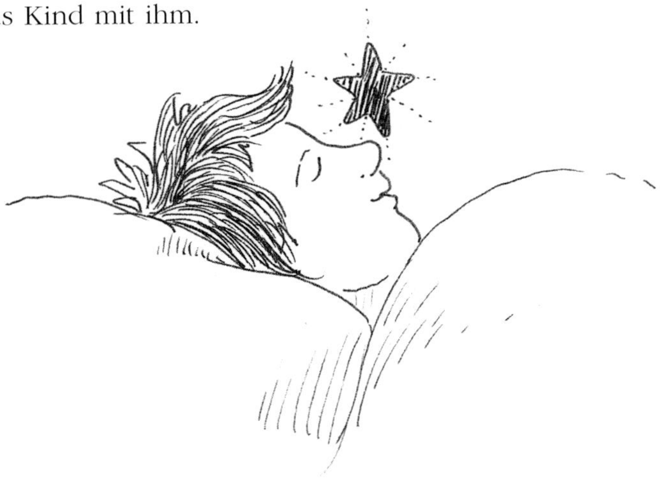

Die Klangbilder zu diesem Buch (CD/MC)

Die Kompositionen auf CD/MC ermöglichen es, jedes Lied in seiner optimalen Länge zu hören. Kinder und Erwachsene können sich gemeinsam entspannen und Ruhe auftanken. Naturgeräusche und instrumentale Klangbilder stimmen zunächst in einem Vorspiel auf das jeweilige Thema ein – und lassen es anschließend in einer Weise ausschwingen und verklingen, wie es dem horchenden und träumenden Kind gut tun soll. Kinder hören dabei eine Musik, die auf akustischen, also „echten" Instrumenten gespielt wird. Neben den bekannten Instrumenten erklingen auch solche, die Kinder möglicherweise kaum kennen: Ein Klavier, von innen gespielt, Maultrommel und afrikanische Kalimba, ein mit dem Geigenbogen gestrichenes Water-Phone, die japanische Shakuachi-Flöte, Vasentrommel, Klangschalen und Buckelgong, die karibische Steeldrum, Kantele, Kieselsteine und viele kleine Horchwunder mehr.

Wir machen unsere eigene Musik

Auch Kinder können Klänge erzeugen, die in Harmonie mit ihrer Seele klingen. Doch mit welchen Instrumenten? Grundsätzlich mit jedem, von dem sie sich intuitiv angesprochen fühlen: Vogelpfeifchen oder Windspiel, Glöckchen oder Rassel, afrikanisches Regenholz oder eine mit Gummi-„Saiten" bespannte Schachtel ...

Ohne Angst vor „falschen" Tönen können Kinder auf den folgenden Instrumenten auf Klangreise gehen und ihre eigene Meditationsmusik gestalten.

- *Klangschalen:* Langausschwingende, obertonreiche Klänge
- *Buckelgong:* Warme, tiefe, glockenähnliche Klänge. Klangschalen und Buckelgong sind besonders für die Konzentration auf die „innere Mitte" geeignet.
- *Klangkugeln:* Beim Rollen entstehen zarte, sphärenhafte Klänge
- *Regenholz:* Kleine Steinchen, die durch ein Kakteenrohr rieseln, zaubern beruhigende Regenklänge.
- *Ozeantrommel:* Tausende kleiner Kügelchen rauschen unter einem durchsichtigen Trommelfell und malen Meeresklangbilder.
- *Kalimba:* Afrikanisches „Daumenklavier", harmonisch gestimmte Klangzungen zum Zupfen.
- *Orgelflöte:* Panflötenähnlicher Klang, pentatonisch gestimmt – bläst sich einfach wie eine Mundharmonika.

- *Balafon:* Afrikanisches Xylophon mit Kalebassen als Klangkörper, lädt mit seinen „exotischen" Klängen zum Improvisieren ein.
- *Kantele:* Pentatonisch gestimmtes Saiteninstrument zum Zupfen
- *Jujurassel und Schellenband:* Zum Umbinden beim Tanzen
- *Wassertrommel:* Zwei verschieden große Kalebassen. Bauchiger, „sprechender" Klang, je nachdem, wie die kleinere Kalebasse beim Trommeln im Wasser bewegt wird.

Diese und andere Instrumente verschiedener Völker und Kulturen können unter der folgenden Adresse bestellt werden:

DUSYMA, Kindergartenbedarf GmbH,
Postfach 12 60, D-73602 Schorndorf
Telefon: 0 71 81 - 60 03 60 Fax: 0 71 81 - 60 03 41

Literaturverzeichnis

Brunner, Leonhard: *Hörst du die Stille?* München 1991
Maschwitz, Gerda u. Rüdiger: *Stille-Übungen mit Kindern*. München 1993
Maschwitz, Gerda u. Rüdiger: *Gemeinsam Stille entdecken*. München 1995
Preuschoff, Gisela: *Kinder zur Stille führen*. Freiburg 1996
Hoppe, Gabriela: *Mit Kindern meditieren*. München 1995
Dewhurst-Maddock: *Selbstheilung durch Klang und Stimme*. Aarau 1993
Stürmer, Ernst: *Atme dich gesund*. Freiburg 1992
Rozman, Deborah: *Meditation für Kinder*. Freiburg 1991
Halbfas, Hubertus: *Der Sprung in den Brunnen*. Düsseldorf 1990
Kükelhaus, Hugo: *Mit den Sinnen leben*. Oldenburg 1993
Windels, Jenny: *Eutonie mit Kindern*. München 1984
Murdoch, Maureen: *Dann trägt mich meine Wolke*. Freiburg 1989
Zett, Luis: *Rituelles Singen*. München 1988
Reimann, Beatrix u. Michael: *Der Klangraum*. Zürich 1994
Berendt, Joachim-Ernst: *Ich höre, also bin ich*. Freiburg 1989
Berendt, Joachim-Ernst: *Das dritte Ohr*. Hamburg 1988
Müller, Else: *Träumen auf der Mondschaukel*. München 1993
Vopel, Klaus: *Anwärmspiele*. Hamburg 1981
Rücker-Vogler: *Yoga und Autogenes Training für Kinder*. München 1993
Feldenkrais, Moshe: *Bewußtheit durch Bewegung*. Frankfurt 1978
Müller, Else: *Auf der Silberlichtstraße des Mondes*. Frankfurt 1985

Weitere Titel von Dorothée Kreusch-Jacob

Das Musikbuch für Kinder. Ravensburg 1992
Tanzlieder. Ravensburg 1991
Lieder von der Natur. Ravensburg 1993
Das Liedmobil. 77 Spiel-, Spaß-, Wach- und Traumlieder. München 1991
Ich schenk dir einen Regenbogen. Düsseldorf 1993 (Lieder-Gesamtausgabe)
Da hüpft der Frosch den Berg hinauf. Allerlei Krabbelverse und Handspielereien. München 1992
Der Bärendoktor hilft bestimmt! Lieder und Geschichten für kranke Kinder. München 1992
Rosen, Tulpen, Kieselstein – komm wir wollen Freunde sein. München 1989
Heut nacht steigt der Mond übers Dach. Ein Gute-Nacht-Buch. München 1988
Der fliegende Trommler. Märchen aus aller Welt erzählen vom Zauber der Musik. München 1990
Der kunterbunte Ferienkoffer. Geschichten und Lieder zur Ferienzeit. München 1994
Weihnachtsnüsse ess ich gerne. Geschichten, Gedichte und Lieder. Kassel 1992
Keine Angst vor falschen Tönen. Wie Kinder die Musik und ihr Instrument entdecken. München 1993
Musikerziehung: Grundlagen – Methoden – Inhalte. München 1994

CDs/MCs

Lieder von der Natur. pläne/Patmos (MC)
Rosen, Tulpen, Kieselstein. Lieder zum Feiern. pläne/Patmos (MC)
Tanzlieder. pläne/Patmos (MC)
Der Bärendoktor. Musikalische Trostpflästerchen. pläne/Patmos (MC/CD)
LiederRegenbogen. pläne/Patmos (MC/CD)
Lieder aus dem Ferienkoffer. pläne/Patmos (MC/CD)
Glöckchen, Trommel, Zaubergeige. pläne/Patmos (MC/CD)
Lieder aus der Stille. Klangbilder/Meditationen. pläne/Patmos (MC/CD)
Das Wolkenboot. pläne/Patmos (MC/CD)